AF391103

BIOGRAPHIES

DES

MUSICIENS

CÉLÈBRES

VALENCIENNES

IMPRIMERIE G. GIARD ET A. SEULIN

1884

BIOGRAPHIES

DES

MUSICIENS CÉLÈBRES

BIOGRAPHIES

DES

MUSICIENS CÉLÈBRES

VALENCIENNES

IMPRIMERIE G. GIARD ET A. SEULIN

1884

BIOGRAPHIES

DES

MUSICIENS CÉLÈBRES

Ces biographies, que nous avons extraites de différents auteurs, après les avoir toutefois condensées, expurgées et placées suivant l'ordre chronologique, intéresseront à coup sûr les admirateurs de nos grands virtuoses, parce que nous y avons mis en relief la caractéristique musicale de chacun de ces artistes et cité leurs œuvres importantes.

ZÉLIA LECLERCQ.

BIOGRAPHIES

DES

MUSICIENS CÉLÈBRES

Asaph, lévite et chantre inspiré, du temps de David, est regardé comme l'auteur de plusieurs des psaumes attribués au saint roi (50, 73, 83) mais plusieurs critiques pensent qu'il ne fit que les mettre en musique.

Terpandre, musicien et poëte grec, de Lesbos, florissait vers 676 avant J.-C. Il ajouta trois cordes à la lyre, qui jusque-là n'en avait eu que quatre, inventa la *Scolie,* espèce de chanson fort courte qu'on chantait à table. Il réussit, dit-on, à apaiser par ses chants une sédition à Sparte.

Arion, poëte et musicien grec, né à Méthymne, dans l'île de Lesbos, florissait vers l'an 620 avant J.-C. Il vécut longtemps à la cour de Périandre, tyran de

Corinthe, et fit avec ce prince un voyage en Italie, où il amassa de grandes richesses. A son retour, ses compagnons de voyage résolurent de le tuer, afin de se partager ses dépouilles ; mais Arion, connaissant leurs desseins, leur demanda la permission de toucher une dernière fois de la lyre, puis il s'élança dans les flots : un dauphin, que sa mélodie avait attiré près du vaisseau, le reçut aussitôt et le porta au cap Ténare en Laconie. On a sous son nom un *Hymne à Neptune*.

Phrynis, de Mitylène, poëte et musicien, né vers 480 avant J.-C., fut le rival de Timothée. Il ajouta deux cordes aux sept qu'avait déjà la cithare, et mit en vogue un mode efféminé.

Timothée, poëte et musicien de Milet, né vers 446 avant J.-C., ajouta à la cithare deux cordes, ou quatre, selon d'autres, innovation que les Spartiates condamnèrent par un décret. Il n'en acquit pas moins une célébrité prodigieuse. Il finit par se fixer en Macédoine, où le roi Archélaüs l'avait appelé et y mourut en 358.

Aristoxène, philosophe et musicien grec, né à Tarente vers 350 avant J.-C., était disciple d'Aristote. Il avait, selon Suidas, composé 453 ouvrages. Il

ne reste de lui que des *Eléments harmoniques*, en
3 livres, et un *Fragment sur le Rhythme*. Aristoxène
n'admettait pour juge en musique que l'oreille et
rejetait les calculs mathématiques des Pythagoriciens.

Cécile (Sainte) vierge et martyre, vivait en
Sicile, selon Fortunat de Poitiers, et mourut pour la
foi à Rome à une époque incertaine (176 ou 230). Les
musiciens ont choisi cette Sainte pour leur patronne,
parce qu'en chantant les louanges de Dieu elle s'accom-
pagnait d'un instrument de musique. On la fête le
22 novembre.

Aristide QUINTILIEN, auteur grec qui paraît
avoir vécu au IIe siècle de J.-C., a laissé un *Traité
sur la musique*.

Josquin Desprez, appelé de son temps
le Prince des musiciens, né vers 1450 à Condé ou à
Cambrai, mort en 1531, alla se former en Italie ; fut
attaché comme chanteur à la chapelle Pontificale,
passa plusieurs années à Ferrare où il jouit de la
protection du duc Hercule I, puis vint se fixer à Paris,
où Louis XII le nomma son premier chanteur. Il a
laissé un grand nombre de messes, de motets, de
chansons. Sa musique se fait remarquer par la liberté

et la facilité ; ses chansons ont de la grâce et sont empreintes d'un caractère de malice spirituelle et de verve plaisante.

Jannequin ou Jennequin Clément, compositeur français, né vers 1500, mort vers 1560, florissait sous François Ier et Henri II, mais n'est connu que par ses œuvres. Il s'adonnait beaucoup à la musique imitative, ainsi que le prouvent ses compositions intitulées : *le Chant des oiseaux ; le Caquet des femmes ; le Rossignol ; l'Alouette ; la Bataille de Marignan, etc.* Il a aussi écrit de la musique sacrée. On a de lui, entre autres œuvres, un précieux recueil d'*Inventions musicales* à quatre et à cinq parties.

Goudimel Claude, né vers 1510, probablement en Franche-Comté, fut maître de chapelle à Besançon, puis se rendit à Rome et y fonda une école, d'où sortit Palestrina, revint vers 1555 en France, où il embrassa le Calvinisme, et fut tué à Lyon en 1572, lors du massacre de la Saint Barthélémy. On a de lui des *Messes*, des *Motets* et autres chants d'église, dont plusieurs remarquables, et des *Chansons*. Il mit en musique la traduction des *Psaumes* de Cl. Marot et de Th. de Bèze, ainsi que les *Odes* d'Horace ; c'est un de ses meilleurs ouvrages. Ses productions se font remarquer par la pureté de l'harmonie.

Lattre ROLAND de, né à Mons en 1520, mort à Munich en 1595. D'après une tradition fort accréditée, la beauté de sa voix, lorsqu'il chantait comme enfant de chœur à l'église Saint-Nicolas, fut cause qu'à plusieurs reprises on essaya de l'enlever à sa famille.

Il partit de bonne heure pour l'Italie ; fut dès 1541 maître de chapelle à Saint-Jean de Latran à Rome, parcourut l'Europe admiré partout, et se fixa en 1557 à Munich, où il fut nommé maître de chapelle du duc de Bavière. L'empereur Maximilien l'anoblit ; Charles IX voulut en vain l'attirer en France. De Lattre fut surnommé de son temps, le Prince des musiciens ; il réussissait également dans la musique profane et dans la musique religieuse, et fut dans ce dernier genre le rival de Palestrina. Il améliora le contre-point, introduisit le premier le chant des passages chromatiques et réduisit le nombre des lignes de la mesure. Ses productions, messes, psaumes, hymnes, motets, chansons, madrigaux, etc., s'élèvent à plus de 2000.

L'artiste Roland fut atteint de folie et expira à l'âge de 74 ans. Il avait eu six enfants de son mariage avec Régine Weckinger. Deux de ses fils continuèrent avec quelque distinction les traditions paternelles.

Palestrina GIOVANNI PIERLUIGI (de), surnommé le prince de la musique, né à Palestrina en 1529, mort en 1594 ; fut maître de chapelle de Saint-

Jean de Latran, de Sainte-Marie Majeure et de Saint-Pierre du Vatican. De son temps c'était l'usage de composer des messes et des motets sur des airs de chansons vulgaires, et cet indécent mélange du profane avec le sacré avait souvent provoqué les censures de l'église. Palestrina opéra à cet égard une réforme complète dans la musique religieuse et donna le premier l'exemple de composer tout exprès pour l'église. des airs appropriés à la gravité du sujet. On connait de ce maître treize livres de messes, six de motets, une foule d'hymnes, de litanies, d'offertoires. Partout on y admire la puissance d'invention, l'habileté dans l'art d'écrire pour les voix, la variété du style, une harmonie large et simple, une douceur angélique. On estime surtout sa *Messe du Pape Marcel*, son *Stabat* et son motet *Popule meus*.

———

Vittoria THOMAS-LOUIS (de), né vers 1540, à Avila, en Espagne, mort vers 1608. Dans sa jeunesse il alla à Rome et suivit les leçons de deux de ses compatriotes. L'étude des compositions de Palestrina exerça une heureuse influence sur son développement musical. En 1573, il fut nommé maître de chapelle du Collége Germanique à Rome, et deux ans après, maître de chapelle de l'église Saint-Apollinaire. Ses œuvres sont : *Office des morts à six voix* ; *Hymni totius anni* ; *Officium hebdomadæ sanctæ* ; *Motecta festorum totius anni* ; des messes à quatre, cinq et six voix. Son chef-d'œuvre est *l'Office de la semaine sainte*.

Vittoria a appris les procédés de la composition à l'école Romaine, mais il est resté Espagnol par le sentiment.

———

Ducaurroy EUSTACHE, né en 1549 à Gerberoy, mort en 1609, était chanoine. Maître de la Ste Chapelle et de la Chapelle Royale sous Charles IX et Henri III, il fut nommé par Henri IV surintendant de la musique du roi.

Il est auteur d'une *Messe des morts*, qui eut le privilège d'être la seule chantée à Saint-Denis pour les obsèques des rois jusqu'au XVIIIe siècle. On lui attribue l'air de *Charmante Gabrielle*.

———

Monteverde CLAUDE, né à Crémone en 1568, mort en 1643, a écrit beaucoup de morceaux pour l'église. On lui doit aussi un grand nombre de *Madrigaux* et de *Canzoni*. Ses principaux ouvrages dramatiques sont : *l'Ariana*, 1607 ; *l'Orfeo*, 1608 ; *Proserpina rapita*, 1630 ; *l'Adone*, 1639 ; *Le Nozze d'Enea con Lavinia* ; *Il ritorno d'Ulisse in patria*, 1641 ; enfin l'*Incoronazione di Poppea*, 1642.

Monteverde, par le succès de ses ouvrages, a contribué à répandre la coutume des représentations publiques des opéras en Italie.

Carissimi, né à Padoue vers 1582, mort vers 1672, fut le réformateur de la musique moderne en Italie. Choisi pour maître de chapelle pontificale en 1649, il introduisit dans les églises l'accompagnement de la musique instrumentale, et fut le premier qui employa la cantate pour des sujets religieux. On a de lui des *Messes*, des *Oratorios*, des *Motets* et des *Cantates*. On remarque surtout ses cantates : *Le Sacrifice de Jephté et Le Jugement de Salomon* ; son motet *Turbabuntur impii*.

Frescobaldi GIROLAINO, habile claveciniste, né à Ferrare en 1587, mort en 1654. A vingt ans il jouissait déjà comme organiste d'une réputation considérable. Il voyagea dans les Pays-Bas, vint à Rome en qualité d'organiste de Saint-Pierre du Vatican en 1614. Telle était sa réputation que, le jour où il prit possession de l'orgue, trente mille auditeurs se réunirent pour l'entendre. Il quitta Rome en 1630 pour se rendre à Florence.

On a de Frescobaldi un recueil de Madrigaux à cinq voix ; des *Canzoni*, des *Ricercari*, des *Capricci*, des *Toccate* et de nombreux morceaux de musique d'église.

Allegri GREGORIO, compositeur de musique sacrée, né à Rome, mort en 1640, est auteur d'un

Miserere qu'on ne chantait qu'à Rome dans la chapelle Sixtine, le Vendredi-Saint, et dont il était défendu de donner copie; la défense fut éludée par Mozart, qui, après l'avoir entendu deux fois, le nota sans rien omettre. Ce morceau se trouve dans la collection de musique classique de Choron.

———

Lambert MICHEL, né vers 1610 à Vivonne près de Poitiers, mort à Paris en 1696, jouissait sous Louis XIV d'une haute réputation. Il se vit dans sa vieillesse éclipsé par Lulli, son gendre. On a de lui des *Motets*, des *Leçons pour Ténèbres*, etc.

———

Cambert ROBERT, né à Paris, vers 1628, mort en 1677, était fils d'un fourbisseur. Ce musicien eut la gloire de concourir avec l'abbé Perrin à la création de notre scène lyrique, mais il a été dépossédé de la célébrité par Lulli. Après avoir étudié le clavecin sous la direction de Chambonnières, il devint organiste de l'église collégiale de Saint-Honoré, et ensuite surintendant de la musique d'Anne d'Autriche. Jusque-là, les seuls opéras que l'on connut à Paris étaient des arrangements d'opéras italiens.

En 1659, dans une salle basse du château de M. de La Haye, *La Pastorale en musique* fut tellement goûtée de l'auditoire que le roi désira l'entendre et qu'on la donna peu de temps après devant la cour à

Vincennes. En 1671 eut lieu la représentation de *Pomone*, qu'on doit considérer comme le premier de nos opéras réguliers. L'année suivante marque comme un progrès dans la manière de Cambert à propos des *Peines et des Plaisirs de l'amour*.

Lulli secondé par le crédit de Mme de Montespan, fit retirer à Cambert le privilège de l'Académie royale de musique. Une telle injustice irrita profondément le compositeur qui passa en Angleterre en 1673 et fut bien reçu par Charles II. Mais les faveurs du monarque anglais ne purent consoler le fugitif. Sa santé s'altéra peu à peu et il mourut âgé seulement de quarante-neuf ans.

Lulli JEAN-BAPTISTE, célèbre musicien du siècle de Louis XIV, né à Florence en 1633, mort en 1687, vint à Paris dès l'âge de 13 ans et y resta jusqu'à sa mort. Il se fit d'abord remarquer par son talent sur le violon, puis se livra avec le plus grand succès à la composition. Il fut nommé en 1661 surintendant de la musique du roi, et obtint en 1672 le privilège de l'Académie royale de musique : c'est de cette époque que date la prospérité de cet établissement.

Lulli composa en quinze ans, 19 grands opéras qui eurent un grand succès ; les principaux sont : *Alceste*, 1674 ; *Thésée*, 1675 ; *Atys*, 1676 ; *Bellérophon*, 1679; *Proserpine*, 1680 ; *Persée*, 1682 ; *Armide*, 1686. C'est lui qui faisait la musique des ballets et intermèdes qu'on jouait à la cour ; on lui doit aussi la partie chantante et dansante des pièces de Molière, *le Bourgeois gentilhomme ; le Malade imaginaire, etc.* Il a en outre écrit une multitude de symphonies, d'airs de violon, de trios ; enfin il excellait également dans la musique religieuse. La musique des opéras de Lulli paraît aujourd'hui froide et monotone ; cependant, malgré le défaut de variété, le sentiment dramatique a longtemps soutenu ses ouvrages, dont le récitatif est remarquable par la vérité de la déclamation.

Stradella ALEXANDRE, compositeur et chanteur, né à Naples vers 1640, possédait une voix ravissante. Il avait enlevé une jeune vénitienne de famille noble et l'avait emmenée à Rome ; la famille outragée, aposta des assassins pour le tuer lorsqu'il sortirait de Saint-Jean de Latran, où il devait chanter un de ses plus beaux oratorios ; mais les assassins se laissèrent émouvoir par son chant et épargnèrent sa vie. Deux ans après, il succomba sous les coups de nouveaux meurtriers, soudoyés par le père de la jeune femme.

Lalande MICHEL-RICHARD de, né à Paris en 1647, mort en 1726, était un des meilleurs organistes de la capitale. Il fut attaché à la personne du roi Louis XIV, qui le combla de faveurs, et le nomma surintendant de sa musique et chevalier de St-Michel. Lalande s'est surtout exercé dans la musique sacrée : il a laissé 60 *Motets* avec chœurs pour la chapelle de Versailles. Il a écrit aussi la musique de *Mélicerte*, pastorale de Molière, et celle du ballet des *Eléments* dont Louis XIV avait écrit les paroles.

———

Scarlatti ALEXANDRE, né à Naples en 1650, a donné environ cent opéras et beaucoup de musique de chambre et d'église. Parmi ses compositions dramatiques on cite *Teodora*, 1693 ; *Il Figlio delle selve*, 1702 ; *Il Medo*, 1708 ; *Il Tigrane*, 1715. Il a combattu l'abus des fugues, contre-fugues, canons et autres tours de force musicaux.

Dominique, son fils, maître de musique de la reine d'Espagne, est renommé comme harpiste.

Joseph, fils de Dominique, né à Naples en 1718, mort à Vienne en 1776, renommé comme compositeur et maître de clavecin, a laissé, entre autres œuvres, douze opéras, dont un : *Il Mercato di Malmantite*, eut un succès prodigieux.

———

Corelli ARCANGELO, né à Fusignano en 1653, mort en 1713, donna des sonates fort estimées et excella lui-même sur le violon. Il se fixa à Rome et eut pour protecteur le cardinal Ottobani, qui le nomma directeur de sa musique. Ses *Sonates* publiées à Rome en six parties, lui valurent le surnom de Prince des Musiciens.

———

Brossard SÉBASTIEN de, maître de musique de la cathédrale de Strasbourg, puis de celle de Meaux, né en 1660, mort en 1730, a composé un *Dictionnaire de musique*, où J.-J. Rousseau a puisé la plupart des articles insérés dans le sien. Il avait formé une belle collection de musique, qu'il légua après sa mort au roi Louis XV.

———

Campra ANDRÉ, né en 1660, à Aix, mort en 1744, s'exerça d'abord dans la musique sacrée et se fit une réputation par ses motets, puis travailla pour le théâtre. Il débuta par l'*Europe galante*, ballet qui eut un grand succès, et donna une foule d'autres pièces, opéras et ballets : *Hésione*, *Iphigénie en Tauride*, *Idoménée*, le *Carnaval de Venise*, etc. Il donna aux chœurs un grand développement ; Campra se place entre Lulli et Rameau.

———

Couperin FRANÇOIS, né à Paris en 1668, mort en 1733. Sa famille ne compte pas moins de dix organistes, tant hommes que femmes. En 1701, il devint claveciniste de la chambre du roi et organiste de sa chapelle. On le chargea en outre d'enseigner la musique au duc de Bourgogne, fils du grand Dauphin, à une princesse de Conti et au comte de Toulouse.

Ses deux filles Marie-Anne et Marguerite-Antoinette se montrèrent dignes du nom paternel. La première, après être entrée en religion, devint organiste de l'abbaye de Maubuisson, la seconde obtint la charge de claveciniste de la chambre du roi.

Quatre livres de pièces de clavecin, 1713 à 1730 ; les *Goûts réunis ou nouveaux Concerts, augmentés de l'Apothéose de Corelli en trio*, 1724 ; *L'Apothéose de l'incomparable Lulli* ; des trios pour deux dessus de violon, basse d'archet et basse chiffrée, un recueil de leçons de ténèbres à une et deux voix, l'*Art de toucher du clavecin* ; enfin un recueil de chansons de Ferrand mises en musique avec basse continue, sont les ouvrages laissés par François Couperin.

Rameau JEAN-PHILIPPE, né à Dijon en 1683, mort en 1764 ; quitta sa ville natale à 18 ans, voyagea d'abord en Italie et dans la France méridionale, puis fut organiste à Lille, à Clermont et à Paris. Il eut beaucoup d'obstacles à surmonter avant de trouver un poëte qui voulut lui confier un opéra à mettre en musique. Ayant enfin obtenu de Voltaire l'opéra de *Samson* et de l'abbé Pellegrin celui d'*Hippolyte et Aricie*, 1732, il fut vivement applaudi ; il continua pendant 3o ans à travailler pour la scène et donna successivement *Castor et Pollux*, 1737 ; *Dardanus*, 1739 ; *La Princesse de Navarre*, 1747 ; *Pygmalion*, 1748 ; *Anacréon*, 1754, et une foule d'autres opéras. Nommé compositeur du cabinet du roi, il fut anobli et en outre reçut le cordon de Saint-Michel avec une pension. On a de Rameau un *Traité de l'Harmonie*, 1722 ; *la Génération harmonique*, 1737 ; *Démonstrations des principes de l'harmonie*, 1750 ; *Code de musique pratique*, 1760. La musique a vieilli ; cependant on y trouve encore des scènes qui ont conservé leur fraîcheur, leur grâce ou leur énergie. En outre, ce compositeur occupe un rang distingué comme théoricien. Il est l'auteur du *Système de la basse fondamentale* qui a eu une grande vogue et qui, bien que reconnu aujourd'hui comme imparfait n'en est pas moins une découverte des plus importantes.

Haendel GEORGE-FRÉDÉRIC, compositeur célèbre, né en 1684, à Halle en Saxe, d'où les Italiens l'ont surnommé *Il Sassone*, mort à Londres en 1759 ; annonça dès son enfance une vocation décidée pour la musique ; à l'âge de dix ans, il composait des sonates et des motets. Après avoir voyagé en Italie et sur le continent, il se fixa à Londres lors de l'avènement au trône d'Angleterre de George Ier, Electeur de Hanovre, dont il était le maître de chapelle. Il fit les délices des Anglais, qui le regardent comme un compatriote, et qui lui décernèrent les honneurs de la sépulture à Westminster. Haendel a composé 5o opéras, dont les plus remarquables sont : *Agrippine* ; *Renaud* ; *Mutius Scévola* ; *Alexandre et Scipion* ; 26 oratorios parmi lesquels on cite : *Le Messie* ; *Judas Machabée* ; *Moïse en Egypte* ; 8 volumes de Motets, 4 de Cantates, etc.

Ses compositions se distinguent par l'invention, par la hardiesse et le sublime des conceptions, et par l'élévation du style ; mais on leur reproche un peu de dureté et de négligence dans le détail.

———

Bach, famille de musiciens , connue dès le XVIe siècle, et qui, dans le cours de 200 ans, a donné à l'Allemagne plus de 5o artistes. Le plus célèbre est Jean-Sébastien Bach, organiste et compositeur, né à Eisenach, en 1685, mort à Leipsick, en 1750, qui fut successivement musicien de la cour de Weimar, 1703, organiste à Mulhausen, 1707, maître de chapelle du prince d'Anhalt-Cœthen, 1731, compositeur de l'Electeur de Saxe, roi de Pologne, 1737, et passa la majeure partie de sa vie à Leipsick. Doué d'un prodigieux talent d'exécution sur l'orgue, il surpassa tous ses rivaux. Il a laissé un très grand nombre de compositions, qui se distinguent par l'élévation du style, par l'originalité, et par une surprenante richesse de mélodies et d'effets. Sébastien eut 11 fils, tous distingués dans leur art : l'un d'eux, Jean-Christian (1735-1782), organiste à Milan, puis maître de chapelle de la reine d'Angleterre, a laissé, outre une foule de compositions instrumentales, plusieurs opéras, entre autre *Amadis de Gaule*.

———

Porpora NICOLAS, né à Naples en 1685, mort en 1767, fut l'élève chéri de Scarlatti. Il fit représenter *Ariane*, son premier opéra ; fut appelé à Dresde pour y diriger la chapelle électorale et le théâtre ; alla aussi à Londres, mais s'y vit préférer Haendel, et revint en Italie. Il a beaucoup travaillé : à 36 ans, il avait déjà composé 5o opéras. La plupart sont oubliés aujourd'hui ; néanmoins, Porpora fit faire à l'art musical des progrès incontestables et mérita d'être surnommé le Patriarche de l'Harmonie. Il forma plusieurs des grands chanteurs de l'époque, Farinelli, Cafarelli, etc.

———

Marcello BENEDETTO, né en 1686 d'une famille noble de Venise, mort en 1739, fut 14 ans membre du Conseil des Quarante, puis provéditeur à Pola, enfin camerlingue à Brescia, et ne cultiva la musique qu'en amateur. Il n'en mérita pas moins d'être appelé de son temps le *Prince de la Musique*. Les airs qu'il composa pour les cinquante premiers psaumes. de 1724 à 1726, sont regardés comme le chef-d'œuvre de la musique sacrée. Il réussit aussi dans la poésie et composa des *sonates*, des *canzoni*, des satires et des comédies burlesques.

Tartini, violoniste et compositeur, né en 1692, à Pirano en Istrie, mort en 1770, quitta la théologie et le droit pour la musique, épousa clandestinement à Padoue une demoiselle d'illustre famille, s'enfuit pour esquiver la vengeance des parents, et trouva asile dans un couvent d'Assise. Il jeta les fondements de sa réputation à Venise, tant comme virtuose que comme théoricien, et devint, en 1721, chef d'orchestre de l'église Saint-Antoine, à Padoue. Sa musique est délicieuse et d'une exquise sensibilité. On cite surtout de lui une célèbre *Sonate* qu'il composa dans un songe, où il lui semblait qu'il écrivait sous la dictée de Satan et qu'on appelle *La Sonate du Diable*. Il a laissé un *Traité de musique* 1754. C'est Tartini qui a établi les principes fondamentaux du maniement de l'archet, qui depuis ont servi de base à toutes les écoles d'Italie et de France.

Durante FRANÇOIS, né à Naples en 1693, mort en 1755, maître de chapelle au Conservatoire de St-Onofrino, est regardé comme le chef de l'école musicale moderne : c'est lui qui forma Pergolèse, Duni, Piccini, Sacchini, Paisiello.

Il s'est exercé principalement sur des sujets d'église.

———

Léo LÉONARD, né à Naples vers 1694, mort en 1756, était maître du Conservatoire de Ste-Onufrio, et compositeur particulier de la chapelle du roi. Il contribua puissamment à l'illustration de l'école napolitaine, et forma entre autres élèves Eraetta, Piccini et Jomelli.

Ses principales compositions sont les opéras suivants : *Sofonisbe*, 1718 ; *Olimpiade* ; *Caio Gracco*, 1720 ; *Tamerlane*, 1722 ; *Timocrate*, 1723 ; *Catone in Utica*, 1726 ; *la Clemenza di Tito*, 1735 ; *Ciro riconoscinto*, 1739 ; *Achille in Sciro*, 1740 ; *Vologese* 1744. On a aussi de lui quelques opéras-comiques, plusieurs *Oratorios, Motets et Cantates* et un *Miserere* admirable.

———

Aquin LOUIS-CLAUDE (d'), célèbre organiste, né à Paris en 1698, mort en 1772, eut un talent tellement précoce que, dès l'âge de 6 ans, Louis XIV voulut le faire jouer devant lui et qu'à 8 ans il composait d'excellents morceaux. On venait tout exprès des pays étrangers pour l'entendre.

Carey HARRY, poëte et musicien anglais, fils naturel de Savile, marquis d'Halifax, né à une époque incertaine, mort en 1743, fit les paroles et la musique d'un grand nombre de chansons et de ballades qui eurent une grande vogue et qui furent réunies sous le titre de *The musical Century*, 1740. Il a aussi composé des pièces de théâtre fort gaies ; cependant il se pendit dans un accès de mélancolie. On lui attribua l'air national *God save the King*.

———

Graun CH. HENRI, chanteur et compositeur allemand, né en 1701, à Wahrenbruck (Saxe), mort en 1759, débuta comme premier ténor à Brunswick et reçut bientôt le titre de vice-maître de chapelle. Frédéric-le-Grand le chargea de créer l'opéra de Berlin. Ses principaux opéras sont : *Polydore*, 1726 ; *Rodelinda*, 1741 ; *Demofoonte*, 1746 ; *Britannico, Mérode*, 1756. *Son aratorio de la Mort de Jésus* est un chef-d'œuvre.

———

Sala NICOLAS, compositeur italien, né en 1701, près de Bénévent, mort en 1800, est auteur d'un *Traité du contre point pratique* fort estimé.

———

Pergolèse JEAN-BAPTISTE, né à Jési en 1704, mort en 1737. reçut les leçons de Durante et se fit remarquer par sa précocité. Il est connu surtout par son opéra : *La Servante maîtresse*, chef-d'œuvre de mélodie, d'esprit et de grâce, et par un *Stabat* à deux violons et à deux voix, resté célèbre dans la musique d'église.

Hasse ADOLPHE, né à Bergedorf, près de Hambourg, en 1705, mort en 1783 mit en musique tous les opéras de Métastase, et composa des *Litanies* et un *Miserere* regardé comme un chef-d'œuvre.

Martini, né à Bologne en 1706, mort en 1784, était cordelier. Il fit faire de grands progrès à l'enseignement de la musique et ouvrit à Bologne une école de composition d'où sortirent Sabbatini, Sarti, Mattei, etc. Il a composé nombre de messes, de motets, de sonates et a rédigé une excellente *Histoire de la musique* et un *Essai sur le contre-point*.

Il avait formé une bibliothèque musicale de 17.000 volumes.

Arne THOMAS-AUGUSTE, compositeur anglais, né à Londres en 1708, mort en 1778, fit, pour le théâtre de Drucy-Lane, la musique de plusieurs opéras célèbres : la *Rosamonde* d'Addison, l'*Alfred* de Thompson et Mallet. Il est l'auteur de plusieurs oratorios et du fameux chant national *Rule, Britannia*, (Règne, Angleterre). Son genre est un mélange des styles anglais, écossais et italien.

———

Duni EGIDIO-ROMNALDO, né en 1709 à Matera, royaume de Naples, mort en 1775, étudia sous Durante au Conservatoire de Naples, fut d'abord en concurrence avec Pergolèse et l'emporta quelquefois sur ce maître, vint en 1757 se fixer à Paris, où il composa divers opéras qui presque tous ont eu du succès : *Minette à la cour* ; *La Chercheuse d'esprit* ; *Les Sabots* ; *Les Chasseurs et la Laitière* ; *La Fille mal gardée* ; *La Fée Urgèle* ; *Les Moissonneurs* ; *La Clochette*, et dont plusieurs sont restés au répertoire. Sa musique, claire et chantante, était comprise de tout le monde.

———

Gluck CHRISTOPHE, né en 1712 dans le Haut-Palatinat, mort à Vienne en 1787, étudia la musique à Milan sous San Martini, et donna ensuite plusieurs opéras qui ne furent pas remarqués. Ce peu de succès était dû en partie à la faiblesse des libretti ; Gluck s'adjoignit alors le poète Ranieri de Calzabigi, et son opéra d'*Hélène et Paris*, travaillé sur un plan large, fut accueilli avec transport. En 1774, il vint à Paris et y donna successivement plusieurs chefs-d'œuvre : *Iphigénie en Aulide ; Orphée ; Armide ; Iphigénie en Tauride ; Alceste.* Le dernier sujet fut aussi traité par Piccini ; il s'éleva à cette occasion entre les deux compositeurs, et par suite entre leurs partisans, les Piccinistes et les Gluckistes, une querelle fort animée sur la prééminence des deux rivaux et du genre cultivé par chacun d'eux. Les deux chefs d'école avaient chacun leur part de gloire bien distincte : à Piccini la suavité de la mélodie, à Gluck la vérité musicale, le pathétique, la puissance et le grandiose de l'harmonie. Dégoûté de la lutte, Gluck quitta la France en 1780. A la tête des Gluckistes étaient l'abbé Arnaud et Suard ; à la tête des Piccinistes, Marmontel, La Harpe et Ginguené.

Dauvergne ANT., né en 1713, à Clermont, mort en 1797, était fils d'un maître de violon. Il donna en 1753, avec Vadé, les *Troqueurs*, un des premiers opéras-comiques réguliers ; devint maître de chapelle du roi Louis XVI et composa des ballets et de la musique religieuse.

Jomelli NICOLO, né en 1714, à Aversa, ancien royaume de Naples, mort en 1774, parut successivement à Rome, à Vienne, à Stuttgar, fut applaudi partout et revint terminer ses jours dans sa patrie. On a de lui un grand nombre de motets, d'oratorios et d'opéras : *Sémiramis* ; *Vologèse* ; *Enée* ; *Démophoon*, *La Clémence de Titus* ; *Alexandre aux Indes*, etc. On l'a surnommé le Gluck de l'Italie.

Mondonville CASSANEA (de), instrumentiste et compositeur né à Narbonne en 1715, mort en 1772, se fit remarquer par un talent précoce sur le violon, vint se fixer en 1737 à Paris, composa des *motets*, des *oratorios*, des *sonates*, des *trios*, des *concertos* et des *opéras* qui obtinrent un grand succès et fut nommé maître de chapelle à Versailles. Ses opéras du *Carnaval du Parnasse* de *Tithon et l'Aurore*, de *Daphnis et Alcimadure*, eurent la vogue.

Philidor ANDRÉ, DANICAN dit, né à Dreux en 1726, mort en 1795. Il donna plusieurs opéras-comiques dont un, le *Maréchal-Ferrant*, est resté au répertoire, trois *opéras*, des *motets*, des *oratorios*, des *messes*, etc. Philidor était bon harmoniste et avait de l'originalité. Cet artiste avait de plus un talent particulier pour le jeu d'échecs, et il se fit admirer en Angleterre, en Allemagne comme en France.

Berton PIERRE-MONTAN, habile musicien et compositeur, surintendant de la musique du roi et directeur de l'Opéra, né à Paris en 1727, mort en 1780. Sous son administration il s'opéra une véritable révolution musicale, due aux chefs-d'œuvre de Gluck et de Piccini. On lui doit *Erosine*, 1764, et le divertisssement de *Cythère assiégée*, 1775.

Guglielmi, né en 1727, à Massa-Carrara, mort à Rome en 1804, obtint les plus grands succès ; partagea la faveur du public avec Pasiello et Cimarosa, il fut nommé en 1793, par Pie VI, maître de chapelle de St.-Pierre. On estime surtout parmi ses opéras sérieux : *Artaserse* ; *La Clémenza di Tito* ; *La Didone Enea* ; et parmi ses opéras bouffons : *La Virtuosa in Margellina*, *Le Duc Gemelle*, *La Bella Piscatrice*. Il a aussi laissé de la musique de chambre et d'église : on admire son oratorio de *Débora*.

Ce maître se distingue par la pureté, la simplicité, la clarté et par l'unité dans la pensée.

Traetta THOMAS, élève de Durante et de Léo, né en 1727 à Naples, mort en 1779, fut professeur au Conservatoire de Venise, et fut appelé à Londres, à Venise, à St-Pétersbourg. Précurseur de Gluck, il excelle dans les effets sombres de la passion.

Ses principaux opéras sont : *Farnace*, 1750; *Ippolito*, 1757; *Ifigénia*, 1759; *l'Isola disabitata*, 1769; *l'Olimpiade*, 1770; *Didone*, 1772; *la Disfatta di Dario*, 1778.

Piccini NICOLO, né à Bari en 1728, mort en 1800, était élève de Léo et de Durante. Il habita successivement Naples et Rome, et vint se fixer en France en 1776. Il y eut pour rival Gluck ; le public se partagea entre eux, et la polémique des Gluckistes et des Piccinistes dégénéra en querelles furieuses. Gluck enfin quitta la place ; mais Piccini trouva un nouveau rival dans Sacchini. Piccini était sous Louis XVI directeur de l'école de chant ; la Révolution lui ayant fait perdre ce poste, il repassa en Italie mais il revint en France sous le Directoire et obtint une pension. On a de lui plus de 150 opéras ; les plus connus sont : *Zénobia* ; *la Cecchina* ; *Olympiade* ; *Roland* ; *Alys* ; *Didon* (son chef-d'œuvre), *Diane et Endymion* ; *Pénélope* ; *Iphigénie en Tauride*. Piccini se recommande par une grande élégance des formes, des mélodies touchantes, larges et pures, un style clair, abondant et facile, mais il manque quelquefois de force et de couleurs, et sous ce rapport il était inférieur à son rival.

Balbatre CLAUDE-LOUIS, organiste, né à Dijon, en 1729, mort à Paris, en 1799, était élève de Rameau. Il tient tour à tour l'orgue à Saint-Roch et à Notre-Dame de Paris, attirant constamment la foule, C'est lui qui substitua le forte-piano au clavecin.

Monsigny PIERRE-ALEXANDRE, né en 1729, à Fauquemberg, près Saint-Omer, mort en 1817, était maître d'hôtel dans la maison du duc d'Orléans lorsqu'il sentit naître en lui le goût de la musique à la représentation d'un opéra de Pergolèse. Il fut un des créateurs de l'opéra comique à ariettes, et donna, à partir de 1753, bon nombre de pièces qui réussirent entre autres : *Le Maître en droit*, 1760 ; *Le Cadi dupé*, 1761 ; *Le Roi et le Fermier*, 1762 ; *Le Déserteur*, 1769 ; *Le Faucon*, 1772 ; *La Belle Arsène*, 1775 ; *Félix*, 1777. Sans avoir un grand mérite de facture, sa musique se distingue par le naturel et la vérité et abonde en mélodies touchantes. Monsigny cessa de travailler pour le théâtre dès l'âge de 48 ans. Il fut nommé en 1800 inspecteur de l'enseignement au Conservatoire et en 1813 membre de l'Institut. Une rue de Paris a reçu son nom.

Sarti JOSEPH, né en 1730 à Faenza, mort en 1802 à Saint-Pétersbourg, composa plusieurs

opéras qui obtinrent un succès éclatant, entre **autres**
Giulio Sabino, et fut appelé à Saint-Pétersbourg, où
il fit représenter *Armida e Rinaldo* , ainsi **que**
divers autres ouvrages de musique sacrée ou profane
qui furent fort admirés ; il reçut la noblesse **russe.**
Il avait été maître de Chérubini.

———————

Haydn FRANÇOIS-JOSEPH, célèbre compositeur allemand, né en 1732, d'un pauvre charron du
village de Rohrau, près de Vienne, mort en 1809,
passa sa jeunesse dans l'indigence, fut d'abord enfant
de chœur et se plaça comme laquais chez Porpora
pour se former à l'école de ce maître. Il fut nommé en
1760 maître de chapelle du prince Nicolas Estherhazy
à Vienne. Appelé à Londres en 1790 et 1793, il y fut
reçu avec enthousiasme et s'y enrichit. Il a composé
une foule d'ouvrages des genres les plus divers : des
opéras dont les plus connus sont : *Le Diable boiteux* ;
Armide ; *Orlando Paladino* ; *Orféo* ; cinq oratorios,
parmi lesquels on remarque *La Création et les
Saisons* ; des symphonies, des sonates, des sérénades,
des concertos, des quatuors. C'est surtout par ses
symphonies et ses autres compositions instrumentales
qu'Haydn s'est rendu célèbre ; il est resté inimitable
dans ce genre.

———————

Gossec FRANÇOIS-JOSEPH, né à Vergnies, (Hainaut), en 1733, mort à Paris en 1829, était fils d'un laboureur. Il fut un des créateurs de la symphonie, introduisit une instrumentation plus vigoureuse, et tira surtout parti des ressources qu'offrent les instruments de cuivre. Il composa des opéras qui eurent un grand succès : *Les Pêcheurs*, 1766 ; *La Fête du Village*, 1778 ; *Rosine*, 1786 ; *La reprise de Toulon*. On lui doit une *Messe des Morts* et un *O Salutaris* qui sont regardés comme des chefs-d'œuvre. C'est lui qui pendant la Révolution fit la musique pour presque toutes les fêtes patriotiques. Après avoir été de 1775 à 1780 maître de musique à l'Opéra, il créa en 1784 une école de chant, d'où est sorti le Conservatoire. Il fut nommé inspecteur de ce dernier établissement dès sa fondation, 1795. Il fut aussi de l'Institut dès sa création.

Sacchini MARIE-GASP, élève de Durante, né à Pouzzoles, en 1734, d'une famille de pauvres pêcheurs, mort en 1786, commença sa réputation à Rome, parcourut l'Allemagne, la Hollande, l'Angleterre, avec un succès croissant, et y mit le comble en France, où il arriva en 1782. Grâce à la protection de cour, à laquelle l'avait recommandé l'empereur Joseph II, il put, malgré l'opposition de l'Académie royale de musique, faire jouer plusieurs opéras dont les meilleurs sont : *Renaud, Chimène, Dardanus, Œdipe à Colone* ; toutefois, l'attention publique absorbée par la dispute des Gluckistes et des Piccinistes n'apprécia pas ses chefs-d'œuvre à leur juste valeur. Sacchini sut, dans l'instrumentation, produire de beaux effets par des moyens fort simples ; il fut peut-être le plus grand maître de son époque ; il réunissait les mérites de Gluck et de Piccini. Il brille surtout par le charme ; on l'a surnommé le Racine de la musique.

Anfossi PASCAL, compositeur napolitain, né en 1736, mort en 1797, élève de Piccini, composa un grand nombre d'opéras qui eurent la vogue : *La Clémence de Titus, Cléopâtre. Armide, etc.*; fut appelé en France, en Angleterre, en Allemagne, finit par se fixer à Rome, abandonna le théâtre pour la musique religieuse et devint maître de chapelle de Saint-Jean-de-Latran.

Ditters de Ditterdorf CHARLES, compositeur allemand, né à Vienne en 1739, mort en 1797, montra dès l'âge de sept ans sa vocation pour la musique et acquit sur le violon un talent extraordinaire. Il parcourut l'Allemagne, accompagna Gluck résida plusieurs années à Berlin et à Vienne et fut maître de chapelle à Breslau. Il était lié avec Haydn, Métastase et Martini.

Ses principaux ouvrages sont : *Les Métamorphoses d'Ovide,* composées de 15 symphonies ; les oratorios d'*Isaac,* de *David,* de *Job,* d'*Esther,* ce dernier est son chef-d'œuvre ; il a donné aussi plusieurs opéras-comiques où il imite le genre de Grétry.

———

Boccherini LOUIS, né à Lucques, en 1740, mort à Paris en 1806, excella dans les symphonies et fut le précurseur de Haydn. Le roi d'Espagne l'attira auprès de lui et le fixa à Madrid. Ses compositions ont un caractère tellement religieux que l'on a dit que si Dieu voulait entendre de la musique, il choisirait celle de Boccherini. On admire surtout son *Stabat* à trois voix.

———

Dezède, né à Lyon vers 1740 de parents inconnus, mort en 1792, fit représenter un grand nombre d'opéras-comiques dont plusieurs ont eu la vogue. Les principaux sont : *Les Trois Fermiers,* 1777 ; *Blaise et Babet,* 1783 ; *Alexis et Justine,* 1785.

Il excellait dans le genre pastoral, ce qui le fit surnommer l'Orphée des champs.

———

Grétry ANDRÉ-ERNEST-MODESTE, né à Liége en 1741, mort en 1813, sentit dès son enfance une vive passion pour la musique, alla étudier en Italie, en rapporta une mélodie pure et simple, fraîche et gracieuse et vint se fixer à Paris en 1768. Parmi ses nombreux opéras, il faut citer *Le Huron*, 1768, qui commença sa réputation ; *Le Tableau parlant*, 1769 ; *Zémire et Azor*, 1771 ; *l'Ami de la maison*, 1772 ; *La Rosière de Salency*, 1774 ; *l'Amant jaloux*, 1778 ; *La Caravane*, 1783 ; *Richard Cœur de lion*, 1784 ; *Panurge*, 1785.

Il a laissé un *Essai sur la musique*, 1789, où il expose sa méthode. Grétry possède le naturel, la grâce, l'expression vraie ; mais son instrumentation est nue, et il pèche quelquefois contre l'harmonie. Du reste, il sut trouver le véritable accent comique du langage musical, et mérita d'être appelé le Molière de la musique. Il fut nommé membre de l'Institut, classe des beaux-arts, dès la création. Il avait acquis à Montmorency l'ermitage qu'avait habité J.-J. Rousseau et c'est là qu'il mourût.

Martini JEAN-PAUL-EGIDE, né en 1741 à Freystadt, dans le Haut-Palatinat, mort à Paris en 1816, vint de bonne heure se fixer en France, et servit quelque temps dans les hussards. On a de lui des marches militaires, des morceaux d'harmonie, de la musique d'église, des romances, entre autres : *Plaisir d'amour*, restée populaire, plusieurs opéras : *l'Amoureux de quinze ans*, 1771 ; *la Bataille d'Ivry*, 1774 ; *le Droit du Seigneur*, 1783 ; *Sapho*, 1794 ; *Annette et Lubin*, 1800, et un traité *de la Mélopée moderne*, 1790.

———

Langlé FRANÇOIS - MARIE, né en 1741 à Monaco d'une famille française, mort en 1807, fut l'élève de Léo à Naples, vint à Paris en 1764 se fit remarquer par des morceaux composés pour les concerts spirituels, devint en 1784 professeur à l'école royale de chant et de déclamation, forma des élèves distingués, entre autres Dalayrac, et fit la musique de plusieurs opéras dont le plus connu est *Corisandre*, 1791. On lui doit un *Traité d'Harmonie*, 1797, et un *Traité de la Fugue*, 1805.

———

Paisiello GIOVANNI, né à Tarente en 1741, mort en 1816, étudia sous Durante, débuta dans la composition dramatique en 1763, reçût bientôt les offres brillantes de Londres, Vienne, St-Pétersbourg, et donna la préférence à ces dernières. Après 9 ans de séjour en Russie, il résida successivement à Varsovie, à Vienne, à Rome, à Naples, à Paris de 1801 à 1804 et enfin se fixa à Naples, où le roi Joseph Bonaparte le nomma directeur du Conservatoire en

1806 et où il mourût. Ses opéras principaux sont : *La Pupilla* ; *Il Re Teodoro* ; *La Molinara* ; *Nina* ; *Il Barbiere di Siviglia* (que celui de Rossini a fait oublier), *La Serva padrona* (sujet déjà traité par Pergolèse), *La Pazza per amore* ; *La Fedra* ; *Caton in Utica*.

On lui doit aussi beaucoup de musique d'église. Paisiello a moins de verve que Guglielmi, moins d'abondance que Cimarosa, mais il l'emporte par l'expression.

Candeille P.-JOSEPH, né en 1744, à Estaires (Nord), mort en 1827; d'abord chef de chant au **Grand Opéra**, quitta le théâtre pour s'adonner à la composition et devint professeur à l'Ecole de chant. On a de lui, outre des motets, la musique de plusieurs opéras : *Castor et Pollux* est celui qui eut le plus de succès (1791). Sans être créateur, cet artiste avait de la force dramatique et le sentiment de la scène.

Framery NICOLE-ET., né à Rouen en 1745, mort en 1810, a donné un assez grand nombre d'opéras-comiques et a fait lui-même la musique de plusieurs. Il a le premier imaginé de parodier des opéras italiens. On lui doit plusieurs écrits sur la musique.

Salieri ANTOINE, né à Legnano en 1750, mort à Vienne en 1825, a donné un grand nombre d'opéras, dont les plus connus sont : *Les Danaïdes*, 1784 ; *Tarare*, 1787 ; *Assur, roi d'Ormus*, 1788.

Zingarelli NICOLO, né en 1751, à Naples, mort en 1837, fut nommé en 1806, maître de chapelle du Vatican, et en 1820, directeur du Conservatoire à Naples, où il forma entre autres élèves Bellini et Mercande.

Il a produit plusieurs opéras : *Montezuma* ; *Alzinda* ; *Pirro* ; *Artaserse* ; *Romeo e Giulietta* ; *Il conte di Saldagna* ; *Inez de Castro* ; des *Oratorios* et nombre de *Messes*, de *Motets*.

Clementi MUZIO, né à Rome en 1752, mort en 1832. Il était fils d'un orfèvre passionné pour la musique, et qui ne négligea rien pour lui procurer une connaissance complète de cet art. Dès l'âge de six ans, Clementi solfiait. A neuf ans, il affrontait victorieusement l'épreuve d'un concours pour une place d'organiste.

Ses œuvres se composent de sonates au nombre de cent-six. On ne saurait trop en louer l'élégance et les qualités de style. Son *Introduction à l'art de jouer du piano* est un livre excellent.

Il n'y a dans la musique de Muzio Clementi aucune passion, c'est de la bonne, de l'excellente musique, mélodieuse, harmonieuse, écrite avec la plus grande pureté. Ses sonates conviennent aux jeunes personnes chez qui elles forment et développent le mécanisme des doigts tout en proposant à leur imagination des motifs élégants et gracieux. Clementi est un des meilleurs auteurs que l'on puisse étudier pendant la première période de l'enseignement du piano. Tout semble prévu dans les œuvres de ce maître pour faire acquérir aux élèves un mécanisme correct, une accentuation franche et naturelle, un style simple et beaucoup de sûreté dans la mesure.

Ses principaux élèves ont été John Field, Cramer et Kalkbrenner.

Champein STANISLAS, membre de l'Institut, né en 1753, à Marseille, mort en 1830, est connu par de spirituelles partitions dont plusieurs sont restées longtemps au répertoire, on remarqua surtout : *Le Soldat Français*, opéra-comique, 1779; *La Mélomanie* 1781, charmante parodie de la musique italienne, *Le Nouveau Don Quichotte*, que l'auteur fit passer pour un opéra italien, et qui trompa les Italiens eux-mêmes. Champein entra en 1792 dans l'administration; il fut nommé préfet à Mayence.

Dalayrac NICOLAS, né en 1753, à Muret en Languedoc, mort à Paris en 1809, était destiné au barreau, mais se sentit entraîné vers la musique par un goût invincible. Il vint de bonne heure à Paris, s'y lia avec Grétry et Langlé, travailla pour le théâtre, et donna, depuis 1781 jusqu'à sa mort, un grand nombre d'opéras charmants qui eurent presque tous du succès. Les plus connus sont : *Nina ou la Folle par amour*, 1786 ; *Renaud d'Ast*, 1787 ; *Les Petits Savoyards* ; 1789 ; *Camille*, 1791 ; *Ambroise*, 1793 ; *Adolphe et Clara*, 1799, ; *Maison à vendre*, 1800 ; *Picaros et Diégo* ; 1803 ; *Gulistan*, 1805. Sa musique est gracieuse, naturelle et facile, il excellait surtout dans la romance.

Viotti JEAN-BAPTISTE, violoniste, né en 1753, près de Turin, mort en 1824, parcourut presque toutes les cours de l'Europe, vint en 1782 se fixer à Paris, y fut pendant un temps co-directeur de l'opéra Italien avec Chérubini, perdit sa fortune dans cette entreprise et alla la refaire à Londres. Aimant la France, il y revint souvent et finit par accepter la direction de l'Opéra en 1818. Les fatigues de cette gestion hâtèrent sa mort.

Ce célèbre exécutant, modèle de tous les violonistes modernes, a laissé une centaine de morceaux pleins d'idées et de sensibilité, et qui se distinguent par une mélodie pure, noble, expressive.

———

Cimarosa Dominique, né à Aversa, en 1754, mort à Venise en 1801 se fit de bonne heure une telle réputation que plusieurs souverains d'Allemagne et de Russie l'appelèrent à leur cour. Il a composé plus de 120 opéras, les uns sérieux, parmi lesquels on admire *Le Sacrifice d'Abraham*, *Pénélope*, *les Horaces et les Curiaces* ; les autres bouffons, · dont les meilleurs sont : *l'Italienne à Londres*, *le Directeur dans l'embarras*, *le Mariage secret*. Il excellait surtout dans ce dernier genre.

———

Shield William, né en 1754, dans le comté de Durham, mort en 1828, était fils d'un maître de chant. Il fut dix-huit ans chef d'orchestre à Scarboroug, fit représenter nombre d'opéras qui eurent du succès, devint directeur du Couvent-Garden, et chef des musiciens du roi. Les meilleurs de ses opéras sont : *The flitch of bacon*, *Rosina*, *Robin Hood*, *Marian*, *The enchanied castle*, *Oscarand-Malvina*. Il fit aussi l'air d'un grand nombre de chansons devenues populaires. On a de lui une *Introduction à l'Harmonie*, 1800.

———

Winter PIERRE (DE), né Manheim en 1754, mort à Munich, en 1825. Trente-sept *opéras*, seize grandes *cantates*, un nombre considérable de compositions religieuses et de pièces instrumentales, n'ont pu donner au nom de Winter une renommée durable. Vainement ce compositeur d'une fécondité tout italienne, a multiplié hors de mesure ses ouvrages. Ce fut à Munich en 1778, qu'il écrivit : *Armida* ; *Cora e Alonzo* ; *Leonardo e Biandina*, et qu'il fit jouer *Hélène et Paris*, qui réussit brillamment ; *Le Labyrinthe*, 1794; *Le Sacrifice interrompu*, 1795, joués à Venise avec grand succès, portèrent au comble la réputation de leur auteur. *Marie de Montalban*, 1798 est regardée comme une de ses meilleures productions.

Kalkbrenner CHRISTIAN, né en 1755 à Munden, Hanovre, mort en 1806, s'établit d'abord à Berlin où il fut attaché à la reine de Prusse et au prince Henri, et vint en 1799 se fixer à Paris, où il devint chef de chant à l'Opéra. On a de lui des opéras : *la Veuve de Malabar* ; *Olympie* ; *Saül* ; *Don Juan* ; *Œnone* ; *une Histoire de la Musique*, 1802, et des traités de musique.

Mozart WOLFGANG, né à Saltzbourg en 1756, mort en 1791, avait pour père Léopold Mozart, habile violoniste, 2e maître de chapelle de la cour de Saltzbourg. Prodige de précocité, le jeune Wolfgang

Mozart n'avait pas encore 8 ans quand il toucha l'orgue à la chapelle de Versailles ; il se montra, dès lors, l'égal des grands maîtres. Il fit successivement l'admiration de l'Angleterre, des Pays-Bas, de la Hollande et de l'Italie. Après avoir fait quelque séjour à Paris, il quitta la France, mécontent du goût des Français, et s'attacha à l'empereur Joseph II. Il n'avait pas 36 ans, lorsqu'il succomba à la phthisie, épuisé par le travail. Mozart a composé dans tous les genres et excellé dans chacun d'eux ; il était aussi supérieur comme exécutant que comme compositeur : il a créé une école de pianistes. Il excella surtout dans la musique dramatique : ses opéras sont presque tous des chefs-d'œuvre. Les principaux sont : *Mithridate*, 1770 ; *Lucio Silla*, 1773 ; *La Finta Giarniera*, 1774 ; *Idoménée*, 1781 ; *L'Enlèvement du Sérail*, 1782 ; *Les Noces de Figaro*, 1786 ; *Don Juan*, 1787 ; *La Flûte enchantée*, 1791 ; *La Clémence de Titus*, 1791.

On n'admire pas moins ses symphonies et sa musique d'église, notamment son *Requiem*, qui fut pour lui le chant du cygne : il se persuada, en composant cet admirable morceau, qu'il travaillait pour ses propres funérailles, et cette idée fixe hâta, dit-on, sa mort. Ce grand artiste avait une force de conception prodigieuse et une facilité non moins étonnante : il composait de mémoire et jamais au piano ; quand il avait mûri ses idées, il les jetait sur le papier avec une sorte de fougue. Mozart se distinguait par une sensibilité exaltée et par une piété vive.

Vogel JEAN-CHRISTOPHE, né en 1756, à Nuremberg, mort en 1788. Deux opéras : *La Toison d'or*; *Démophon*, et diverses compositions instrumentales : voilà à quoi se réduit l'œuvre de Vogel. On doit regretter la fin prématurée d'un musicien qui aurait pu trouver une place glorieuse parmi les maîtres d'art. Emporté par une fièvre maligne il mourut à l'âge de trente-deux ans.

Beffroy de Reigny LOUIS-ABEL, dit le Cousin Jacques, né à Laon en 1757, mort à Paris en 1811, se fit d'abord connaître par des compositions bizarres et originales, qui eurent une grande vogue, entre autres : *Les Lunes du Cousin Jacques*; *Le Testament du Cousin Jacques*; et commença en 1800 la publication d'un Dictionnaire des hommes et des choses, dont la police empêcha la continuation.

Il n'eut pas moins de succès comme écrivain dramatique; il fit représenter : *Nicodème dans la Lune*; *Nicodème aux Enfers*; *La Révolution pacifique*, 1790; *Le Club des bonnes gens*, 1791; *La petite Nanette*, 1797, pièces pleines d'allusions aux événements du temps. Il composait lui-même la musique de ses pièces.

Pleyel IGNACE, né en 1757, à Ruppersthal, près de Vienne, mort en 1831, eut pour maître Haydn, se perfectionna en Italie, fut nommé en 1783 maître de chapelle de la cathédrale de Strasbourg, perdit cet emploi pendant la révolution, vint s'établir à Paris, en 1795, et y fonda une maison de commerce de musique ainsi qu'une fabrique de pianos qui l'enrichirent. Il a écrit des trios, des quatuors et des sonates qui eurent une vogue extraordinaire.

Cherubini SALVADOR, né à Florence en 1760, mort à Paris en 1842, était fils d'un maître de musique. Il reçut les leçons de Sarti, composa sa première messe à treize ans et son premier opéra à dix-neuf; donna en 1784 *La Finta principessa* et *Ginlo Sabino*; vint en 1787 se fixer à Paris, où la direction principale de l'Opéra-Bouffe lui fut confiée ; donna en 1788 *Ifigenia in Aulide*, qui eut un grand succès, *Démophon*, qui réussit moins bien ; fit représenter en 1791, *Lodoïska*, qui mit le sceau à sa réputation; donna en 1794, *Elisa*; en 1800, *Les Deux Journées*; composa pour les cérémonies républicaines plusieurs morceaux admirables, parmi lesquels on remarque la *Marche funèbre* pour les obsèques de Hoche; rédigea en 1806, l'opéra de *Faniska*, et en 1809, *Pygmalion*, opéra italien qui fut froidement accueilli de Napoléon ; fut élu en 1816, membre de l'Académie des Beaux-Arts, devint la même année surintendant de la musique du roi ; fut nommé en 1822, directeur du Conservatoire, où depuis longtemps il était professeur, et rédigea lui-même plusieurs solfèges pour l'instruction des élèves. En 1833, il donna *Ali-Baba*, composition pleine de grâce et de fraîcheur, mais à laquelle nuisit la faiblesse du livret. Il composa encore depuis, malgré son grand âge, plusieurs morceaux des plus remarquables, entre autres un *Requiem* destiné à ses propres funérailles. Chérubini a réussi dans les genres les plus divers : musique de théâtre, musique d'église, musique de chambre, musique didactique. Au théâtre, il sut concilier le goût français, qui veut la vérité de l'expression, avec le charme séduisant des formes italiennes. Sa musique d'église sera peut-être son principal titre à l'admiration de la postérité ? *Sa Méthode de contre-point et de fugue*, 1835, est restée classique.

Rouget de Lisle Joseph, auteur de la *Marseillaise*, né en 1760 à Lons-le-Saulnier, mort en 1836, était officier du génie en 1789, et adopta avec enthousiasme les idées nouvelles. Se trouvant, en 1792, en garnison à Strasbourg, il composa en une seule nuit les paroles et la musique de l'hymne célèbre auquel il doit sa réputation. Ce chant de guerre, composé pour l'armée du Rhin, dont l'auteur faisait partie, devint bientôt un chant national et fit le tour de la France. Les volontaires marseillais le répétaient en marchant contre les Tuileries à la journée du 10 août : c'est ce qui l'a fait appeler la *Marseillaise*. Rouget de l'Isle combattit sous Hoche en Vendée, et fut blessé à Quiberon. Outre la *Marseillaise* on a de Rouget la musique de *cinquante Chants français*.

Gaveaux PIERRE, acteur et compositeur, né à Béziers en 1761, mort en 1825. Il quitta le petit collet pour le théâtre, débuta à Bordeaux, fut appelé à Paris en 1789, et chanta pendant 20 ans avec le plus grand succès. Comme compositeur il a donné 34 opéras : *Sophie et Moncars*, 1797, et *Léonore*, 1798, sont les meilleurs. Sa musique était facile et chantante, mais faible. On a gardé mémoire de plusieurs de ses mélodies : la *Piété Filiale*, le *Petit Matelot* ; *Le Bouffe et le Tailleur*, etc., l'air qu'il composa en 1795, après les excès de La Terreur, pour le *Réveil du Peuple* , hymne de Saint-Marc, eut une vogue extraordinaire.

Dussek J. STANISLAS, compositeur et pianiste, né en 1762 à Czalau, en Bohême, mort en 1812, était fils d'un habile organiste. Il composa dès l'âge

de treize ans une messe solennelle, séjourna successivement à La Haye près du stathouder, à Hambourg où
il se perfectionna sous Emmanuel Bach, enfin à Paris
qu'il quitta lors de la Révolution pour se réfugier
en Angleterre, mais où il revint dès 1800 et où il
finit ses jours.

On a de Dussek 70 morceaux pour le piano, sonates,
symphonies, concertos, duos, fantaisies ; une excellente *Méthode de piano* ; des oratorios, entre autres
la *Résurrection*. Dans ses compositions, sages et
devenues classiques, on trouve une verve tempérée
par la grâce du chant, des coupes heureuses, et une
mélodie soutenue qui enchante sans fatiguer. Il releva
la sonate du discrédit où elle était tombée.

Lesueur JEAN-FRANÇOIS, né près d'Abbe-
ville, en 1763, mort en 1837, obtint à 23 ans, la
maîtrise de la métropole de Paris, et fut plus tard
attaché au Conservatoire comme professeur et inspecteur. Il donna en 1793, la *Caverne*, *Télémaque* et
Paul et Virginie ; en 1804, les *Bardes*, son chef-
d'œuvre ; en 1809, la *Mort d'Adam*. Dans la *Caverne*
dit Choron, sa musique est forte et nerveuse ; dans
Télémaque, mélodieuse et fantastique, dans *Paul et
Virginie*, fraîche et sentimentale ; dans les *Bardes*,
brillante, héroïque et vraiment ossianique ; dans la
Mort d'Adam, simple, énergique et solennelle.

On doit encore à Lesueur, un nombre considérable de messes, d'oratorios, etc

—————

Méhul ETIENNE-HENRI, né à Givet en 1763. mort en 1817, vint en 1779 à Paris, et y connut Glück qui prit plaisir à cultiver ses heureuses disposi·tions. En 1790, il donna *Euphrosine et Coradin*, qui eut un succès prodigieux, et bientôt après : *Stratonice* 1792 ; *Phrosine et Mélidor*, 1794 ; *le Jeune Henri*, dont l'ouverture offre une belle symphonie de chasse, 1797 ; *l'Irato* ; enfin *Joseph*, remarquable par la couleur antique et l'onction religieuse, 1807. Méhul a composé en outre des *Sonates*, *des Symphonies*, *des Hymnes et des Cantates* : c'est lui qui, sous la République, mit en musique le *Chant du Départ*, *le Chant de Victoire*, *le Chant du Retour*. Il fut nommé membre de l'Institut dès 1796. Ce compositeur se recommande généralement par la force de l'expression dramatique et par une facture savante ; mais on lui reproche d'abuser des moyens d'effet jusqu'à confondre le bruit avec l'énergie.

—————

Della Maria DOMINICO, d'origine italienne, né à Marseille en 1764, mort en 1800, passa dix ans en Italie, reçut les leçons de Paesiello, débuta en 1796 par le *Prisonnier*, opéra-comique qui excita un véritable enthousiasme, et donna en quatre ans six autres opéras qui, bien que moins connus, eurent aussi du succès.

Son mérite réside surtout dans la naïveté.

Fioravanti VALENTINO, né à Rome en 1764, mort en 1837, élève du Conservatoire de Naples a donné des opéras qui jouirent d'une véritable vogue, due à leur gaîté franche et naturelle.

Parmi ses charmantes productions, on aimait surtout : *la Cantatrice villane*, 1806 *et I Virtuosi ambulanti*, 1807. On a de lui plusieurs messes et autres morceaux de musique d'église, qu'il a composés comme maître de chapelle de Saint-Pierre de Rome, fonctions qu'il remplissait depuis 1816. On estime surtout son *Miserere* à trois voix de soprani.

Persuis LOISEAU (de), né à Metz en 1765, mort en 1819, vint à Paris en 1790, fut chef d'orchestre, puis directeur de l'Opéra. Il a donné le *Triomphe de Trajan* ; *La Jérusalem délivrée* ; les ballets d'*Ulysse*, de *Nina*, du *Carnaval de Venise*, et a fait la musique de plusieurs opéras-comiques.

Steibelt DANIEL, pianiste et compositeur, né à Berlin, en 1765, mort à St-Pétersbourg, en 1823, vint en 1790 à Paris, où il balança le succès de Pleyel, donna en 1793 *Roméo et Juliette*, une des meilleures productions de l'époque, et composa des ballets pour les théâtres de Londres et de Paris. Il est le premier qui écrivit des Fantaisies avec variations. Ses œuvres instrumentales pêchent par le plan ; on y trouve des longueurs et des répétitions fastidieuses mais on y sent l'homme inspiré : son morceau de l'*Orage* a été joué sur tous les pianos.

Berton HENRI, fils de Pierre-Montan Berton, né à Paris en 1766, mort en 1844, surpassa son père comme compositeur. Il reçut les leçons de Sacchini, fit représenter à 20 ans son premier opéra-comique : *La Promesse de Mariage* ; donna successivement plus de 40 autres ouvrages, dont plusieurs de circonstance : *Le Nouveau d'Assos*, 1791 ; *Viala*, 1793 ; *Tyrtée*, 1797 ; fut professeur d'harmonie au Conservatoire dès la création, 1796 ; devint en 1806, directeur de l'opéra Italien ; en 1811, chef de chant à l'Académie de musique, et entra en 1815 à l'Institut. Il en fut arbitrairement exclu pour opinion politique en 1816, mais fut réélu en 1817. Parmi ses nombreuses productions on remarque : *Ponce de Léon*, opéra-bouffon, dont il fit les paroles aussi bien que la musique, 1798 ;

Montano et Stéphanie, 1798; *Le Délire* , 1801; *Aline, reine de Golconde*, 1803; *La Romance*, 1804 ; *Les Maris Garçons*, 1806.

Ses compositions se distinguent par l'originalité, l'élégance, la pureté du style et la vérité dramatique. Berton a laissé un *Traité d'harmonie*, suivi d'un *Dictionnaire des accords*, 1815, et des *Mémoires* posthumes.

Son fils, nommé aussi Henri Berton, compositeur distingué, auteur de *Ninette à la cour*, fut enlevé prématurément en 1832, par le choléra.

Kreutzer RODOLPHE, compositeur et joueur de violon, fils d'un musicien al'emand, né en 1767 à Versailles, mort à Genève en 1831, se fit remarquer dès l'âge de 13 ans en exécutant avec une rare perfection un *concerto* qu'il avait composé lui-même ; voyagea ensuite en Italie, en Allemagne, et se fixa en France ; fut nommé premier violon de la chapelle de Napoléon, professeur au Conservatoire, premier chef d'orchestre à l'Opéra, et membre de l'Académie de musique. On lui doit les opéras d'*Astyanax*, 1802 ; d'*Aristippe*, 1808 ; la *Mort d'Abel*, 1810, et plusieurs opéras-comiques, entre autres *Paul et Virginie* et *Lodoïska*, 1791 ; la Romance de Lodoïska, l'introduction et la marche des Tartares ont été longtemps populaires. Rodolphe Kreutzer a composé aussi une foule de symphonies et de sonates pour violon. — Son frère Auguste, mort en 1832, se distingua aussi comme violoniste et lui succéda comme professeur au Conservatoire.

Plantade, né à Pontoise en 1768, mort en 1839, était élève de Langlé. Il fut professeur de chant au Conservatoire, maître de chapelle de Louis Bonaparte, roi de Hollande, et plus tard de Louis XVIII. Il donna quelques opéras : les *Deux Sœurs*, 1791 ; *Zoé*, 1797 ; *Palma*, 1800 ; mais il excella surtout dans la romance.

Beethoven LOUIS, célèbre compositeur, né en 1770 à Bonn, mort en 1827, était fils d'un ténor de la chapelle de l'Electeur de Cologne. Il alla à Vienne se former sous Mozart et Haydn, et devint l'égal de ses maîtres. Invité par le roi de Westphalie, Jérôme Bonaparte, à venir prendre la direction de sa chapelle, il fut retenu à Vienne par les libéralités de trois princes qui s'unirent pour lui assurer une pension de 4.000 florins. Cet artiste fut de bonne heure affligé d'une surdité qui le rendit morose. On lui doit la musique de *Fidelio*, de *Coriolan*, d'*Egmont*; de *Prométhée*.

Il excella surtout dans la musique instrumentale,

et composa un grand nombre de symphonies, de sonates, de concertos, etc. On y admire un génie hardi et original, et une instrumentation des plus riches. Il a laissé un *Traité d'harmonie et de composition* qui a été traduit par Fétis en 1833.

Catel CH. SIMON, membre de l'Institut, né à l'Aigle en 1770, mort en 1830, était élève de Gossec. Il composa avec ce maître de beaux morceaux de musique militaire pour les cérémonies de la République, entre autre, l'*Hymne à la victoire* et le *Chant du Départ* ; fut nommé professeur d'harmonie au Conservatoire dès la création, mais fut destitué en 1814. On a de lui un *Traité d'harmonie*, 1802 : plusieurs compositions dramatiques ; au Grand-Opéra, *Sémiramis*, *Bayadères* ; à l'Opéra-Comique, les *Artistes par occasion* ; *L'Auberge de Bagnères*, 1807; *Wallace* 1817 ; des symphonies, des quatuors, etc. Catel posa les principes de la science des accords tels qu'on les comprend aujourd'hui. Ses mélodies se distinguent par une élégante et gracieuse pureté.

Reicha JOSEPH, né à Prague en 1770, mort en 1836, séjourna plusieurs années à Vienne, vint à Paris en 1809, ouvrit un cours de composition qui attira la foule, devint en 1817 professeur du contre-point au Conservatoire, et fut admis à l'Institut en 1835. On a de lui un *Traité de Mélodie*, 1814, *un Traité d'Harmonie*, 1819, *un Traité de haute composition musicale*, 1825, ouvrages qui ont opéré une révolution dans l'art musical et lui ont valu une grande célébrité. Il a fait la musique de plusieurs opéras : *Natalie ou la Famille Suisse*, 1810 ; *Sapho*, 1822 ; mais ce sont des œuvres médiocres. On admire au contraire comme des chefs-d'œuvre de mélodie et d'harmonie ses *Quintetti* d'instruments à vent, genre dont il est le créateur.

———

Rink JEAN-CHRISTIAN-HENRI, né à Elgersburg en 1770, mort en 1846. Ce compositeur laisse un grand nombre d'ouvrages parmi lesquels on distingue une *Ecole d'orgue*, des *sonates et des chorals* justement admirés. La musique de Rink est à la fois mélodique et savante ; le caractère en est toujours large et religieux.

———

Baillot PIERRE, violoniste, né en 1771, à Passy, mort à Paris en 1842, était fils d'un magistrat mort à Bastia. Orphelin à 12 ans, il intéressa M. de Boucheporn, intendant de la Corse, qui l'envoya étudier à Rome, puis à Paris, où il reçut les leçons de Viotti, et devint son élève favori. Admis dès 1791, à l'orchestre du théâtre de Monsieur, il y obtint un tel succès qu'il fut, en 1795, appelé comme professeur au Conservatoire. Il fut attaché à la musique de l'empereur, puis à la chapelle du roi. Aussi habile compositeur que bon exécutant, il a publié une grande quantité de morceaux de tous genres qui se distinguent par une composition hardie et originale, qui ont quelque chose de grave et de mélancolique. On lui doit aussi l'*Art du violon*, 1835, ouvrage qui a puissamment contribué aux progrès de l'art. Dans l'exécution, Baillot se faisait remarquer par un goût pur et sévère plutôt que par l'habileté à vaincre les difficultés.

Choron ALEXANDRE-ETIENNE, né à Caen, en 1771, mort à Paris en 1834, apprit la musique sans maître. Il avait publié plusieurs ouvrages estimés sur cet art, lorsqu'il fut chargé en 1812 de réorganiser les maîtrises. Nommé en 1815, directeur de l'Opéra, il y eut peu de succès. Il fonda en 1817 une école de musique qui obtint bientôt les encouragements du gouvernement, et qui reçut en 1824 le titre d'Institution ou Conservatoire de musique religieuse. Cet établissement produisit d'heureux résultats ; mais ayant perdu en 1832 sa subvention, il déclina rapidement. On a de Choron : *Principes de composition des écoles d'Italie*, 1808 ; *Dictionnaire des musiciens avec*

Fayolle 1810 ; *Méthode comparée de musique et de plain-chant* 1811.

Cramer JEAN-BAPTISTE, pianiste et compositeur, né en 1771, à Manhein, mort en 1860, eut pour premier maître son père, habile violoniste établi à Londres ; reçut ensuite à Vienne les leçons de Clementi pour le piano, se perfectionna par l'étude approfondie des œuvres de Bach, de Haendel, de Haydn ; se fit admirer partout pour la merveilleuse souplesse, la pureté et l'élégante simplicité de son jeu, et créa une grande école à laquelle on peut rapporter Kalbrenner, Moschelès, Bertini, Chopin, etc. On a de lui des *Sonates*, des *Rondos*, des *Concertos* et 84 *Etudes*, qui sont restées classiques.

Paër FERDINAND, compositeur et pianiste distingué, né à Parme en 1771, mort à Paris en 1839, fit représenter à Venise dès l'âge de 14 ans l'opéra de *Circé*, qui eut un grand succès ; visita Padoue, Milan, Florence, Naples, Rome, Bologne, Vivienne, où il composa plusieurs de ses ouvrages. et fut appelé en 1801 à Dresde par l'électeur de Saxe, qui le nomma son maître de chapelle. Emmené en France en 1807 par Napoléon, il fut tour à tour directeur du théâtre italien et du grand opéra. Sous Louis XVIII il fut en outre directeur et compositeur au Conservatoire. Il fut élu en 1831 membre de l'Institut. Ses principaux ouvrages sont : *La Clemenza di Tito; Cinna ; Agnese ; Il principe di Tarente ; Idomeneo ; Il Morto vivo ; la Griselda; Sargine ; l'Oriflamme ; la Prise de Jericho ; le Maître de chapelle*. Il brille surtout par la verve comique.

———

Rode PIERRE, violoniste, né à Bordeaux en 1774, mort en 1830, élève de Viotti et rival de Baillot, se distinguait par le jeu le plus pur et le plus gracieux. Il occupe aussi une place distinguée comme compositeur de concertos et de quatuors. Dès la fondation du Conservatoire de musique de Paris, il y fut nommé professeur de violon : il écrivit avec Baillot une *Methode de violon* pour cet établissement. En 1803, il alla occuper une place de premier violon dans la musique de l'empereur de Russie Alexandre Ier.

———

Boïeldieu FR.-ADRIEN, un de nos grands compositeurs, né à Rouen en 1775, mort en 1834, commença par des romances délicieuses, fut nommé en 1799, professeur de piano au Conservatoire, quitta Paris en 1803 par suite de chagrins domestiques, et alla en Russie où l'empereur Alexandre le nomma son maître de chapelle. Il revint en France en 1812, fut élu membre de l'Académie des Beaux-Arts en 1817, et passa ses dernières années à Jarcy en Brie. Ses principaux opéras sont : *Le Calife de Bagdad*, 1799 ; *Ma Tante Aurore*, 1802 ; *Jean de Paris*, 1812 ; *Le nouveau Seigneur du village*, 1813 ; *Le Chaperon Rouge*, 1818 ; *La Dame Blanche*, son chef-d'œuvre, 1825. Sa musique, ornée et gracieuse, est pleine de mélodies ; son instrumentation est savante, mais sans vacarme.

Boïeldieu forma, entre autres élèves, Zimmermann, Fétis et Adolphe Adam.

———

Nicolo ISOUARD, né à Malte en 1777 d'un père d'origine française, mort en 1818, vint en France en 1790, fut d'abord commis de banque, visita en cette qualité Palerme, Naples, Florence pour le compte de sa maison, prit dans ses voyages le goût de la musique et se fixa comme organiste à Malte. Il revint en France après la prise de l'île par Bonaparte, en 1799 et donna plusieurs pièces qui sont remplies de chants gracieux et qui eurent pour la plupart des succès : *Le Médecin Turc* ; *Michel-Ange* ; *Joconde* ; *Cendrillon* ; *Jeannot et Colin* ; il laissa inachevé l'opéra d'*Aladin ou la Lampe merveilleuse* que Benincori termina.

———

Hummel J. NÉPOMUCÈNE, compositeur et pianiste allemand, né à Presbourg en 1778, mort en 1837, se fit admirer dès l'âge de 9 ans par son talent sur le piano, entra comme maître de chapelle au service du prince Estherhazy en 1803, puis du roi de Wurtemberg en 1816, du grand-duc de Saxe-Weimar en 1820, et se vit appelé dans presque toutes les capitales de l'Europe. Il n'eut de rival pour la composition instrumentale que Beethoven. Dans l'exécution il brillait surtout par la correction et la régularité. Il a laissé en outre de nombreux morceaux de musique instrumentale, 4 opéras et une *Méthode* pour piano.

Neukomm SIGISMOND, né à Salzbourg (Autriche) en 1778, mort en 1858. L'existence de cet artiste est un véritable journal de voyage. Neukomm n'était pas un artiste de génie, mais c'était un musicien excellent, rompu à tous les artifices de la composition, doué de goût et d'un sentiment religieux remarquable. Neukomm a écrit plusieurs *oratorios*, des *messes*, des *chœurs* et *cantates* ; des morceaux de musique de chambre et des *marches militaires*, même des *opéras allemands*. Il ne reste guère de toutes ces compositions que quelques motets, des *O Salutaris*, un *Ave Maria* et les quatre antiennes à la sainte Vierge écrites pour quatre voix d'hommes, sans accompagnement.

Spontini GASPARD, né en 1778, à Majolati, près d'Iséi, mort en 1851, étudia au Conservatoire de Naples, composa un opéra pendant qu'il était encore sur les bancs, s'enfuit de Naples pour se produire à Rome, donna, soit dans cette ville, soit à Venise et à Florence, une douzaine de pièces, mais sans pouvoir percer, vint chercher fortune à Paris en 1803, et y fit représenter la *Finta Filosafa* qui fut accueilli favorablement, commença à révéler son talent dans *Milton*, 1804, fut nommé peu après maître de chant et directeur de la musique de l'impératrice Joséphine, et réussit à faire représenter, malgré mille obstacles, *La Vestale*, 1807 : ce chef-d'œuvre, d'un genre tout nouveau, obtint un succès éclatant, et valut à son auteur un des grands prix décennaux. *Fernand Cortez*, fut représenté en 1809 et augmenta sa réputation. Nommé en 1810, directeur du Théâtre Italien, il quitta au bout de deux ans cette administration, qui n'avait pas été heureuse pour lui. Il donna en 1809, *Olympie*, opéra sur lequel il comptait beaucoup, mais qui fut froidement reçu. Mécontent alors de la France, il la quitta en 1820 pour aller occuper la place de directeur de l'opéra de Berlin que lui offrait le roi de Prusse. Il fit représenter sur ce théâtre entre autres ouvrages nouveaux, *Agnès de Hohenstaufen*, qui offre de grandes beautés. Après la mort de son protecteur Frédéric-Guillaume, il revint en 1842 se fixer à Paris, où il avait été élu à l'unanimité membre de l'Institut dès 1839. Il passa ses dernières années dans son pays natal et dota la ville d'Iési d'établissements utiles.

La musique de Spontini, éminemment expressive, formait une heureuse transition entre le système le plus musical des compositions modernes : elle donna beaucoup plus d'importance à l'accompagnement et sous ce rapport fit révolution dans l'orchestration.

———

Garcia MANUEL, compositeur et chanteur célèbre, né à Séville en 1779, mort à Paris en 1832, débuta à Madrid en 1801, et parcourut ensuite l'Espagne, l'Italie et la France, obtenant partout les plus brillants succès.

Ses principaux opéras sont : *Il Califo di Bagdad*, 1812 ; l'*Aubergiste* ; les *Chevilles de maître Adam* ; le *Poëte colporteur* ; *Florestan*, 1822.

———

Romagnesi ANTOINE-JOSEPH, né à Paris en 1781, mort en 1850, compositeur de musique et éditeur, s'est fait un nom par des *Romances* remarquables par la grâce et la mélodie qui eurent une vogue extraordinaire.

———

Auber FRANÇOIS-DANIEL-ESPRIT, célèbre compositeur français, né à Caen en 1782, mort en

1871. Fils de commerçant, et destiné au commerce, il y renonça pour se consacrer à la musique, et se fit l'élève de Chérubini. Il composa d'abord des romances, des concertos, des morceaux de musique religieuse, enfin quelques opéras-comiques, pour des théâtres de Société. Les premiers essais qu'il donna au théâtre Feydeau n'eurent pas de succès, mais il ne se découragea point, et *La Bergère châtelaine*, 1820, commença une période de succès ; *Leicester*, 1823, réunit pour la première fois deux noms qui devinrent désormais presque inséparables, ceux de Scribe et d'Auber. La réputation de ce dernier fut définitivement consacrée par *Le Maçon*, 1825, et enfin il donna en 1828, à l'Opéra son chef-d'œuvre, *La Muette de Portici*, dont le duo, *Amour sacré de la Patrie*, devint une sorte de *Marseillaise*. Il a encore donné à l'Opéra *Le Philtre*, 1831 ; *L'Enfant prodigue*, 1850 ; *Zerline*, 1851, et à l'Opéra-Comique *Fra Diavolo*, 1830 ; *Le Cheval de bronze*, 1835 ; *L'Ambassadrice*, 1836 ; *Le Domino noir*, 1837 ; *Les Diamants de la Couronne*, 1841 ; *La Part du Diable*, 1843 ; *La Sirène*, 1844 ; *Haydée*, 1847 ; *Marco Spada*, 1853 ; *La Fiancée du roi de Garbe*, 1864, et *Le Premier jour de bonheur* qui fut sa dernière œuvre. Auber est le plus fécond et le plus populaire des compositeurs français ; sa musique est vive, gaie, gracieuse, facile, et ne manque pas d'originalité ; il donne plus à la mélodie qu'à l'orchestration.

Auber fut appelé à l'Académie des Beaux-Arts en

1829 ; il fut, sous Louis-Philippe, directeur des concerts de la cour, et, sous Napoléon III, directeur de la musique de la chapelle impériale. Il succéda, en 1842, à Chérubini comme directeur du Conservatoire de musique.

———

Kreutzer CONRADIN , né dans le grand duché de Bade en 1782, mort en 1849, inventa le *Panmélodion* instrument assez semblable à l'harmonica. Après avoir composé des messes et des pièces instrumentales, il se livra au genre dramatique. Ses meilleurs sont : *Conradin de Souabe ; Théodore, Libussa ; Le Plongeur ; Une nuit à Grenade.*

———

Fétis, né à Mons en 1784, mort à Bruxelles en 1871 ; son père, organiste, lui donna les premières leçons. A neuf ans, cet enfant précoce était organiste du chapitre noble de Sainte-Waudru. A 16 ans, il alla à Paris apprendre l'harmonie, en 1806 il se maria avec la petite fille du chevalier de Kéralio ; en 1813 Fétis fut nommé organiste de la collégiale de Saint-Pierre à Douai et professeur de chant et d'harmonie à l'école municipale de cette ville. Un peu plus tard il écrivit deux ouvrages dont l'un : *La Science de l'organiste,* est resté inédit, et dont l'autre intitulé : *Solfèges progressifs,* a vu le jour en 1827. Il fit paraître une

Méthode élémentaire d'harmonie et d'accompagnement en 1824 ; une *Biographie des musiciens* en 1834; un *Traité de la fugue et du contre-point* en 1825 ; un *Traité complet de la théorie et de la pratique de l'harmonie* en 1844.

Le gouvernement belge offrit à Fétis les fonctions de Directeur du Conservatoire de Bruxelles et de maître de la chapelle royale.

Fétis a formé une bibliothèque spéciale de 6000 ouvrages formant 10.000 volumes et une collection d'instruments de musique rares et étrangers.

Le gouvernement belge acheta 140.000 francs la bibliothèque et 12.000 fr. la collection d'instruments.

Kalkbrenner FRÉDÉRIC, fils de Christian, né à Berlin en 1784, mort en 1849, se fit surtout un nom comme professeur. Après avoir parcouru l'Europe, il se fixa à Paris en 1824 et y ouvrit une école destinée spécialement aux professeurs. Il avait adopté la belle manière liée et chantante de Clémenti. Frédéric a laissé 187 ouvrages pour le piano : méthodes, morceaux d'ensemble, concertos, parmi lesquels on remarque son *Concerto en fa bémol*. On estime sa *Méthode* pour apprendre le piano à l'aide du guide-mains ; les *Etudes* dédiées à Clémenti ; les *Préludes dans les Toniques* ; et surtout son *Traité de composition pour les pianistes*.

Il avait fondé à Paris avec Pleyel une manufacture de pianos d'un genre nouveau : ses pianos étaient fort prisés.

———

Onslow GEORGES, né en 1784, à Clermont-Ferrand, d'un gentilhomme anglais et d'une Française, mort en 1853, se familiarisa particulièrement avec la musique allemande. Il a composé un grand nombre de *quatuors*, de *quintettes*, de *symphonies*, et diverses compositions pour piano ; il a donné deux opéras-comiques qui ont eu du succès, l'*Alcade de la Véga*, 1824, et le *Colporteur* ; mais c'est dans la musique de chambre qu'il a le mieux réussi.

———

Paganini NICOLO, célèbre violoniste, né à Gênes, en 1784, d'un père musicien, mort à Nice en 1840, montra un talent précoce. Après avoir pris les leçons de Costa à Gênes. et de Paër à Parme, il fut attaché à la cour d'Elisa Baciocchi, sœur de Napoléon, et dirigea à Lucques l'orchestre de cette princesse jusqu'en 1813. Il parcourut ensuite les principales villes de l'Europe, excitant partout l'enthousiasme. Il vint à Paris en 1831 et y donna 15 concerts qui attirèrent la foule. Enrichi par son talent, cet artiste laissa une fortune de plus de 4 millions. Ce qui le distinguait, c'était moins la pureté des sons et le sentiment de l'harmonie que la force et l'adresse de l'exécution ; à l'aide de ses doigts, qui étaient excessivement longs, il pouvait jouer des morceaux entiers sur une seule corde de la basse. Il était aussi compositeur distingué, et on l'a surnommé le Beethoven de l'Italie. Cet artiste singulier se faisait remarquer par la bizarrerie de son caractère presque autant que par son talent.

Spohr LOUIS, né à Brunswick en 1784, mort à Cassel en 1859, était fils d'un docteur en médecine. A l'âge de 12 ans, il se fit entendre et applaudir à la cour dans un *concerto* de violon, de sa composition. Deux ans plus tard il fut attaché à la musique de la chapelle du duc de Brunswick. En 1805, on lui offrit la place de maître de concert à la cour ducale, devint chef d'orchestre pendant quatre ans au théâtre de Vienne, et ensuite directeur du théâtre de Francfort. Les ouvrages dramatiques du maître, parmi lesquels on compte encore *Alruna*, *l'Esprit de la Montagne*, *l'Alchimiste*, *Pietro d'Albano* et les *Croisés*, ont moins contribué peut-être à sa renommée que les compositions instrumentales qu'il a semées à profusion pendant le cours de sa longue carrière.

Plusieurs oratorios : l'*Allemagne délivrée*, *La Fin de toute Chose*, *Les Derniers moments du Sauveur*, *La Chute de Babylone*, des messes solennelles ; des hymmes, des psaumes, des cantates, dix grandes symphonies, plusieurs ouvertures, des quatuors, des quintettes, un admirable ottetto d'instruments à vent, en tout et y compris son œuvre lyrique, cent soixante compositions : voilà où se montre la production musicale de cet artiste. Il existe des *Lieder* de Spohr dont l'harmonie est d'une suavité et d'une distinction incomparables. Sous le rapport de l'application directe de l'harmonie à l'expression du chant, des paroles, il a été véritablement le précurseur, l'émule et le continuateur de Schubert.

Zimmermann, élève de Boiëldieu, né à Paris en 1785, mort en 1853, fut professeur de piano au Conservatoire de Paris, puis devint inspecteur des études musicales, et résuma sa méthode dans l'*Encyclopédie du pianiste*, ouvrage classique. On a de lui de beaux morceaux de musique d'église et un opéra comique, l'*Enlèvement*.

Galin, né à Bordeaux en 1786, mort à Paris en 1822, inventa une méthode nouvelle pour simplifier l'enseignement de la musique, qu'il appela *Méloplaste*, et la développa dans l'écrit intitulé : *Exposition d'une nouvelle méthode pour l'enseignement de la musique*, 1818.

Cette méthode, renouvelée de J.-J. Rousseau et dans laquelle l'étude du rhythme est séparée de celle de l'intonation, a été depuis propagée et perfectionnée par MM. Paris et Chevé.

Weber CHARLES-MARIE (de), né en 1786, à Eutin, Holstein, mort à Londres en 1826, était fils d'un habile musicien et eut pour maîtres Heuschkel et Michel Haydn. Il écrivit un opéra à quatorze ans : *La Fille des Bois*, fut de bonne heure à Vienne le rival des Haydn, des Vogler, des Stadler, devint maître de chapelle à Breslau, s'attacha en 1806 au prince Eugène de Wurtemberg, fut chargé de réorganiser et de diriger l'opéra de Prague, puis s'occupa, sur l'invitation du roi de Saxe, de créer à Dresde un opéra allemand, visita successivement Berlin, Paris et Londres, où il mourut, à peine âgé de 40 ans. Ses chefs-d'œuvre sont : *Le Freyschütz*, 1822, arrangé pour la scène française sous le titre de *Robin des Bois* ; *Euryanthe*, 1824 ; *Obéron ou le Roi des Elfes*, 1826. Il a laissé nombre de *Concertos*, de *Cantates*, etc. Ce compositeur n'est pas abondant en idées, mais il se distingue par une grande originalité, un vif sentiment des situations dramatiques, et par d'habiles combinaisons d'instrumentation.

Carafa de Colobrano PAUL, compositeur français , d'origine italienne, né à Naples en 1787, mort en 1873, suivit d'abord la carrière militaire, fit la campagne de Russie comme officier d'ordonnance de Murat, se consacra ensuite à la musique, composa quelques opéras , et vint en 1821 se fixer à Paris, où il donna le *Solitaire*, 1822 ; *Masaniello*, 1828 , et un grand nombre d'autres compositions qui se distinguent par une élégante facilité, mais qui manquent de vigueur, et dans lesquelles l'imitation de Rossini est trop sensible. Il était professeur au Conservatoire et, depuis 1837, membre de l'Académie des Beaux-Arts.

Pleyel CAMILLE, fils d'Ignace Pleyel, né en 1788, mort en 1855, pianiste distingué, excella par la pureté du style, l'élégance et l'expression et composa un grand nombre de fantaisies, nocturnes, rondos, sur motifs empruntés à Rossini ou à Auber, ainsi que des quatuors et des trios originaux. En 1825, il fonda à Paris une fabrique de pianos, particulièrement de pianos à queue, qui obtint une célébrité européenne.

Banderali DAVID, célèbre chanteur, né en 1789 à Palazzo, en Lombardie, mort à Paris en 1849, fut choisi pour maître de chapelle par la princesse Amélie, femme du prince Eugène, vice-roi d'Italie ; devint professeur au Conservatoire de Milan, fut appelé au Conservatoire de Paris, et y forma de nombreux élèves dont plusieurs ont brillé sur nos scènes lyriques. Cet artiste avait une méthode large, expressive et un goût exquis. Il a laissé des vocalises et des compositions qui sont entre les mains de tous les amateurs.

***

Hérold L. JOSEPH-FERDINAND, né à Paris en 1792, mort en 1833, était fils d'un pianiste allemand et élève de Méhul ; il remporta en 1812 le grand prix de composition, et fut envoyé en Italie. Il composa en 1815 son premier ouvrage dramatique : *La Gioventu d'Enrico quinto*, opéra en 2 actes. Il a donné ensuite *Les Rosières*, 1817 ; *La Clochette*, 1817 ; *Le Muletier*, 1823 ; *Marie*, 1826 ; *Zampa*, 1831 ; *Le Pré aux Clercs*, 1832, qui toutes eurent du succès ; les deux dernières sont ses chefs-d'œuvre. On a en outre de lui quelques productions instrumentales. La musique d'Hérold se distingue par l'abondance des motifs heureux, la fraîcheur et la grâce des mélodies, la force dramatique et l'art de l'instrumentation.

***

Rossini GIOACCHINO-ANTONIO, né en 1792, à Pesaro, de musiciens ambulants, mort en 1868 ;

débuta à 16 ans par une symphonie, signala son génie dès 1813, par l'opéra de *Tancredi*, de l'*Italiana in Algeri*, de *Il Turca in Italia* 1814, de *Il Barbiere di Séviglia*, 1816, d'*Otello*, 1817 ; écrivit pendant 15 ans, pour le théâtre italien et pour l'opéra français, de nombreuses partitions, qui toutes témoignent d'une facilité merveilleuse, et où l'élégance des mélodies domine sans exclure la puissance dramatique. Les principales partitions italiennes composées pour le compte de l'impressario Barbaja sont : *La Cenerentola* ; *La Gazza ladra*, 1817 ; *Mose in Egitto*, 1818 ; *La Donna del lago*, 1819 ; *Matilde di Shabran*, 1821. En 1822, il épousa la prima-dona de Milan, Mlle Colbrand, pour laquelle étaient écrits ses premiers rôles ; et, par le concours du talent de cette cantatrice, arriva bientôt à une brillante fortune. En 1823, il composa sa dernière partition italienne *Sémiramide* ; puis, après un court et fructueux séjour à Vienne et à Londres, il vint s'établir à Paris en 1824 où il arrangea pour l'opéra son *Maometto* dans le *Siège de Corinthe*, 1826, refondit son *Moïse*, 1827, donna le *Comte Ory*, 1828, et enfin *Guillaume Tell*. Après s'être surpassé lui-même dans ce dernier chef-d'œuvre, arrivé seulement à l'âge de 37 ans, en pleine possession de son génie et de sa renommée, il cessa de produire. Dans les 39 ans de sa vie qui s'écoulèrent depuis il ne donna qu'une *Messe* et un *Stabat*, 1832.

Klein BERNARD, né en 1794 à Cologne, mort en 1732, a composé une foule de *sonates* pour le piano, des chants religieux, des oratorios estimés, un opéra de *Didon*.

———

Meyerbeer GIACOMO (JACOB LIEBMAN BEER), compositeur qui, ayant italianisé son prénom et ayant fait précéder son nom de celui du banquier qui l'avait en quelque sorte adopté et qui lui légua sa fortune, a rendu illustre le nom de Giacomo Meyerbeer. Il naquit à Berlin en 1794 et mourut à Paris en 1864. Meyerbeer donna : *Les amours de Thérélinde*, 1813 ; *Romilda e Costanza*, 1817 ; *Sémiramide riconosinta*, 1819 ; *Margherita d'Anjou*, 1820; *Emma di Resburgo* ; *L'Esule di Granato*, 1822 ; *Il Crociato in Egitto*, opéra qui fit le tour de l'Italie, de l'Allemagne et de la France, 1824. Trois ans plus tard il se maria et eut la douleur de perdre successivement ses deux premiers enfants. Il devint triste et ne fit paraître en plusieurs années qu'un *Stabat*, un *Miserere*, un *Te Deum*, douze psaumes et huit cantiques ; puis il écrivit *Robert le Diable*, en 1831 ; *les Huguenots* 1836 ; *Un Camp en Silésie*, 1844 ; le compositeur a intercalé la plupart des morceaux de cet opéra dans *L'Étoile du Nord*; *Struensée*, 1847 ; *Le Prophète*, 1849 ; *Le Pardon de Ploërmel*, 1859 ; *L'Africaine*, œuvre posthume.

Mercadante SAVERIO, né en 1796, à Altamura, province de Bari (Italie), mort à Naples en 1870. Ce compositeur est un de ceux qui, pendant un demi-siècle ont le plus rempli l'Italie de leur nom et de leurs œuvres. Il écrivit en 1819 *L'Apothéosi d'Ercole* ; en 1820, *Violenza e Costanza* ; *Anacreonte in Samo*. Son succès croissant à chaque œuvre, il vit s'ouvrir devant lui toutes les scènes de l'Italie. Appelé à Rome en cette même année 1820, il y remporta deux nouveaux succès avec *Il Geloso ravveduto* et *Scipione in Cartagine*. Il donna ensuite *Elisa e Claudio* ; *Didone* ; *Nitocri*, 1825 ; *Donna Caritea*, 1826 ; *La Rappresaglia*, 1829 ; *Don Chisciotto* ; *Gabriella di Vergy* ; *Zaïra* ; *I Normani a Parigi* 1831 ; *Le Serment*, celui de ses opéras qui eut le plus de succès ; *Le Duc illustri Rivali*, 1839. Les messes et motets de ce compositeur sont d'un style peu religieux. Il y règne une facilité mélodique incontestable, une harmonie correcte, mais tout paraît écrit pour les chanteurs, rien pour le sujet et la pensée. Excellent professeur, il a formé un grand nombre d'élèves pour le chant et pour la composition.

Pacini JEAN, né à Catane en 1796, mort en 1867, est auteur d'une trentaine d'opéras, parmi lesquels on distingue *Giovanna d'Arco*.

Schubert FRANZ, né à Venise en 1797, mort en 1828, est surtout connu par des *Lieder* ou mélodies du genre mélanconique, parmi lesquelles on cite : *les Astres ; l'Ave Maria ; la Sénérade : le Roi des Aulnes ; la Religieuse ; le Départ ; l'Attente ; l'Adieu.* Il s'est aussi essayé, mais avec moins de succès, dans la symphonie et a laissé quelques *Quatuors.*

Sa manière se rapproche de celle de Beethoven.

Donizetti GAÉTAN, né à Bergame en 1798, mort en 1850, était fils d'un employé. Il se voua à la carrière musicale malgré son père qui le destinait au barreau ; reçut à Bergame les leçons de J.-Simon Mayer, et à Bologne celles de P. Mattei, savant contre-pointiste ; débuta à Venise en 1818 par l'opéra *Enrico di Borgogna,* écrivit à Rome en 1822, *Loraïde di Granata,* qui commença sa réputation ; fit représenter à Milan en 1831, *Anna Bolena,* en 1834, *Lucrezia di Borgia,* qui renferment des beautés supérieures, vint en 1835 à Paris où il donna *Marino Faliero,* composa la même année à Naples, en six semaines, *Lucia di Lammermoor,* son chef-d'œuvre, qui fit bientôt le tour du monde, revint en 1840 à Paris, donna en cette seule année *La Fille du Régiment ; Les Martyrs,* puis *La Favorite,* l'une des plus admirables partitions de notre scène lyrique, et fit enfin représenter en 1843 *Don Sébastien*, vaste ouvrage qu'il avait écrit en deux mois. La composition hâtive de cette dernière œuvre, jointe à l'abus des plaisirs, épuisa ses forces : atteint bientôt d'aliénation mentale, puis frappé de paralysie, il fut transporté dans sa ville natale, où il mourut à 50 ans. Doué d'une facilité prodigieuse, Donizetti avait, dans sa courte carrière, composé plus de 60 opéras.

Aux œuvres déjà citées nous ajouterons : *La Parisina*, 1833 ; *Gemma di Vergi*, 1835 ; *Linda di Chamouni*, qui eut un grand succès, 1842 ; *l'Elizir d'amour* et *Don Pasquale*, qui brillent par une musique vive et piquante ; *Catarina Cornaro*, sa dernière œuvre, 1844.

Donizetti avait été nommé en 1836 professeur du contre-point à Naples et en 1842, maître de chapelle à Vienne. Ce maître procède de Rossini, mais il s'attacha davantage à la vérité de l'expression : il sait unir à la tendresse du sentiment, la noblesse et la vigueur ; il est à regretter qu'il ait quelquefois abusé de sa facilité jusqu'à la négligence.

Halévy JACQUES-FROMENTHAL, né à Paris en 1799, de parents israélites, mort en 1862 ; reçut les leçons de Berton et de Chérubini, a donné plusieurs opéras, parmi lesquels on remarque *La Juive*, 1835, l'un des chefs-d'œuvre de notre scène lyrique, *l'Eclair* ; *la Reine de Chypre*; *Charles VI* ; *les Mousquetaires* ;

la Fée aux Roses ; *le Val d'Andorre* ; *Jaguarita* ; *la Magicienne*. On y trouve tour à tour le style le plus élevé, de puissants effets dramatiques, une mélodie enjouée et gracieuse, toujours une composition originale, une instrumentation riche et savante. On admire surtout ses morceaux d'ensemble. Il devint professeur au Conservatoire en 1827, membre en 1836, puis secrétaire perpétuel de l'Académie des Beaux-Arts en 1854.

———————

Bellini VINCENT, compositeur italien, né à Catane en 1802, mort à Puteaux, près Paris, en 1835, a fait plusieurs opéras qui eurent un grand succès : *Le Pirate* ; *La Straniera* ; *La Somnambula* ; *Norma* ; *Les Puritains* ; il promettait de nouveaux chefs-d'œuvre quand il fut enlevé par une mort prématurée.

Cet artiste laissait à désirer pour l'harmonie et l'orchestration, mais il excellait dans l'expression des sentiments tendres ; ses accents vont au cœur. *Norma* est regardée comme son triomphe.

———————

Niedermeyer ABRAHAM - LOUIS, né à Nyon, dans le canton de Vaud, près de Genève, en 1702, mort en 1861. A dix-neuf ans il écrivit sur la belle méditation de Lamartine intitulée *Le Lac*, une suave mélodie qui obtint un succès universel et qui est

restée son œuvre la plus populaire. Après maintes tribu-
lations il fit représenter en 1836 *Stradella*, puis il resta
plusieurs années éloigné de la scène, se contentant de
produire quelques nouvelles mélodies dont aucune
n'arriva au succès du *Lac*. Parmi ses productions, on
distingue *L'Isolement*, *Le Soir*, *L'Automne*, cette
dernière est celle où le musicien s'est le plus rapproché
du poëte. *Marie Stuart*, opéra en 5 actes, fit son
apparition en 1844, ; quoique cet ouvrage n'obtint
qu'un succès d'estime, il valut néanmoins à Niedermeyer la décoration de la Légion d'honneur.

Adam ADOLPHE, compositeur, né à Paris en
1803, mort en 1856, avait pour père un habile pianiste
alsacien, Louis Adam (1760-1848), qui devint professeur au Conservatoire de Paris, et à qui l'on doit une
excellente méthode de piano. A. Adam reçut, avec les
leçons de son père, celles de Boïeldieu, se fit de
bonne heure remarquer par la facilité de ses improvi-
sations et obtint en 1815, le 2me grand prix de
l'Institut. Doué d'une merveilleuse fécondité, il
composa le plus souvent pour l'Opéra-Comique et en
collaboration avec Saint-Georges ou Scribe, un grand
nombre de pièces charmantes, entre autres : *Le
Châlet*, 1834 ; *Le Postillon de Lonjumeau*, 1836 ;
Le fidèle Berger, 1837 ; *Gisèle*, ballet délicieux 1841 ;
Le roi d'Yvetot, 1842 ; *Le Toréador*, 1849 : *Giralda*,

1850 ; *Le Corsaire*, 1856, ballet, le dernier de ses ouvrages et l'un des meilleurs. Elu en 1844, membre de l'Académie de Beaux-Arts, il fut nommé en 1848, professeur de composition au Conservatoire. Adam avait créé en 1846, le théâtre Lyrique, pour lequel il composa plusieurs jolies pièces : *Le bijou perdu, Si j'étais roi ;* mais les événements de 1848 étant venus interrompre le succès de cette entreprise, il éprouva des pertes ruineuses, et dut, pour les réparer, s'imposer de pénibles sacrifices et des travaux excessifs qui abrégèrent sa vie. Comme compositeur, Adam se distingua par une musique fraîche, gracieuse, correcte et facile. Il possédait au plus haut degré l'entente de la scène lyrique, et excellait dans la disposition des voix.

Berlioz LOUIS-HECTOR, compositeur français, né à La Côte-Saint-André, (Isère), en 1803, mort en 1869, a donné plusieurs symphonies et opéras, parmi lesquels on remarque : *Symphonie funèbre ; Symphonie d'Harold* et de *Roméo et Juliette ; Benvenuto Cellini*, 1838, et les *Troyens*, 1866. Son œuvre la plus estimée est le *Requiem* exécuté aux funérailles du général Damrémont, 1836. Dès 1832, il se fit connaître comme critique dans la *Gazette musicale* et dans le *Journal des Débats*, et y soutint son système musical, qui subordonne la mélodie à la recherche de l'expression en général, considérée comme propre à la poésie. Il devint membre de l'Académie des Beaux-Arts en 1856, et a laissé plusieurs ouvrages : *Traité d'instrumentation et d'orchestration moderne*, 1844 ; *Etudes sur Beethoven, Gluck et Wéber*, 1845 ; *Grotesques de la musique*, 1859.

—————

Bertin (Mlle) s'est distinguée à la fois dans la poésie et la composition musicale. On lui doit la musique de quelques opéras : *Le Loup Garou*, 1827 ; *Fausto*, 1831 ; *Esméralda*, 1836.

—————

Monpou HIPPOLYTE, né à Paris en 1804, mort en 1841, fut élève de Choron. Il excella dans la romance ; il a composé la musique de l'*Andalouse* ; du *Lever* ; de *Gastibelza* ; des *Deux Archers* ; de *La Varsovienne* ; du *Voile blanc* ; d'*Exil et Retour*. Il donna à l'Opéra-Comique *Les Deux Reines*, 1835, où se trouve la romance si connue : *Adieu mon beau navire* ; le *Luthier de Vienne*, 1836 ; *Piquillo*, 1837 ; *Le Planteur*, 1839 ; *La Reine Jeanne*, 1840 ; *Lambert Simnel*, ouvrage posthume, 1843. Il composa en outre des cantiques et autres morceaux de musique religieuse.

—————

Poniatowski PRINCE JOSEPH, né à Rome en 1806, mort à Londres en 1873, était petit neveu de Stanislas II, dernier roi de Pologne. Un prêtre nommé Candide Zanetti lui enseigna de bonne heure la musique et tels furent ses progrès qu'à l'âge de huit ans il était capable d'exécuter des variations de piano dans un concert. A 22 ans le prince Poniatowki débuta par la représentation de *Giovanni da procida*. Le public accueillit avec faveur la première production d'un artiste qui promettait dès lors ce qu'il a tenu depuis. L'année suivante l'artiste donna *Don Désiderio*; *Bonifazio dei Geremei* parut en 1844; *Malek-Adel*, 1846; *Esméralda*, 1847; *Pierre de Médicis*, 1860; *La Contessina*, 1868, fut son dernier ouvrage. Le prince Poniatowski n'a pas seulement produit des ouvrages remarquables ; c'était un artiste instruit, versé dans la connaissance de tous les répertoires, italien, français, allemand.

Balfe MICHAEL-WILLIAM, né à Limerick, Irlande, en 1808, mort à Rowney-Abbey en 1870. Le meilleur ouvrage que nous connaissons de cet auteur est *Le Puits d'amour*, 1843 ; parmi ses opéras qui eurent le plus de succès ensuite, sont : *La Jeune Bohémienne*, 1843, qui resta toujours le plus populaire ; *Les Quatre fils Aymon*, 1844.

Indépendamment de ce qu'il a écrit pour le théâtre,

Balfe a publié divers travaux pour servir à l'enseignement du chant. Ses œuvres dramatiques et surtout ses leçons de chant fort goûtées à Londres lui avaient procuré une existence opulente qui ne l'a pas détourné un seul instant de la culture de l'art musical.

—————

Clapisson, né à Naples d'une famille française en 1808, mort en 1866. A sa sortie du Conservatoire, il se fit connaître par des romances. Mais les succès dramatiques étaient l'objet de toute son ambition. Il écrivit : *La Figurante*, 1838 ; *La Symphonie ou Maître Albert*, 1839 ; *La Perruche*, 1840 ; *Le Pendu*, 1841 ; *Frère et Mari*, 1841 ; *Le Code noir*. 1842 ; *Les Bergers trumeaux*, 1844 ; *Gibby la cornemuse*, 1846 ; *Jeanne la Folle*, 1848 ; *La Statue équestre*, 1850 ; *Les Mystères d'Udolphe*, 1852 ; *La Promise*, 1854 ; mais aucune de ses partitions n'eut autant de succès que *Gibby la cornemuse*.

Ces compositions n'etaient pas d'un mérite assez éminent pour obtenir autre chose qu'une vogue passagère. Le musicien semblait découragé, quand sa nomination à l'Institut ranima son inspiration. C'est alors qu'il donna *Fanchonnette*, 1856 ; *Le Sylphe*, 1856 ; *Les Trois Nicolas*, 1858 ; *Madame Grégoire*, 1861. Outre son talent de composition, Clapisson possédait une certaine érudition spéciale à son art.

Il avait réuni une remarquable collection d'instruments de musique du moyen-âge et de la renaissance, dont il fit don à la bibliothèque du Conservatoire.

———

Grisar ALBERT, né à Anvers en 1808, mort à Asnières, près de Paris en 1869, prit des leçons d'harmonie sous la direction de Reicha ; il alla à Naples, puis à Rome où il étudia la musique ancienne d'église. Ses principales œuvres sont : *Gilles ravisseur*, 1848 ; *les Porcherons*, 1850 ; *Bonsoir, Monsieur Pantalon*, 1851 ; *Le Carillonneur de Bruges*, 1852 ; *Le Chien du Jardinier*, 1855 ; *La Chatte merveilleuse*, 1862 ; *les Amours du Diable*, 1863.

———

Ricci LOUIS, né à Naples en 1808, mort à Prague en 1860. A l'âge de vingt ans il fit exécuter l'*Impressario in angustie*, son premier opéra. L'*Orfanello di Genivra*, écrit dans la même année, réussit complètement. *Chiara di Rosemberg*, 1831. *Le diable condamné à prendre femme*, 1832 ; *Il Nuovo Figaro*, 1833, furent fort bien accueillis. *Un' avventura di Scaramuccia* 1834, son chef d'œuvre ; *Erano due or son tre*, joué depuis sous le titre *Gli esposti*. La *Dama colonello, Chi dura vince*, 1837, sa dernière composition dramatique obtint un vrai succès.

Ses facultés mentales s'altérèrent en 1857. Sa famille le fit placer dans l'Hôpital des aliénés de Prague où il mourut au bout d'environ dix-huit mois.

Mendelssohn-Bartholdy FÉLIX, né à Berlin en 1809, mort à Leipsick en 1847. Il se fit connaître dês son enfance comme pianiste ; à 18 ans il était un compositeur distingué. Appartenant à une famille opulente, il put suivre ses inspirations ; malheureusement la mort interrompit ses travaux. Il a laissé un opéra, les *Noces de Gamache*, 1827, des *symphonies*, des *ouvertures*, *des quatuors*, des *oratorios* : celui de la *Conversion de Saint Paul* eut le plus grand succès.

Nicolaï OTTO. né à Kœnigsberg en 1809, mort à Berlin en 1849. Sa meilleure partition fut : *Les joyeuses commères de Windsor*.

Ricci FRÉDÉRIC, frère de Louis Ricci, né à Naples en 1809, mort à Connegliano en 1877. Ses principales productions sont : *Monsieur Deschalumeaux*, 1835 ; *La Prigione d'Edimbourg*, 1838 ; *Corrado d'Altamura*, 1844 ; *Une Folie à Rome*, 1869. Outre ces opéras, Frédéric Ricci a composé des recueils d'ariettes italiennes et des albums pour le chant.

Chopin FRÉDÉRIC, pianiste polonais, né en 1810 près de Varsovie, mort à Paris en 1849, parcourut la Pologne, la Russie, l'Allemagne, et se fit partout admirer par l'originalité de ses productions et de son jeu qui unissait à la hardiesse la méthode classique. Il passa ses dernières années en France, où il introduisit les *Mazurkas*. On a de lui un grand nombre de compositions.

———

David FÉLICIEN, né à Cadenet (Vaucluse) en 1810, mort à St-Germain en 1876, commença l'étude de la musique sous la direction paternelle, mais il perdit son père à l'âge de cinq ans. Comme il possédait une jolie voix il put être employé à la maîtrise de l'église St-Sauveur, d'Aix. A 15 ans il obtint une bourse pour faire ses études littéraires au collége des Jésuites qu'il quitta trois ans après ; puis il fut pendant quelque temps clerc d'avoué et trouva enfin une position plus conforme à ses goûts au théâtre d'Aix où il fut nommé second chef d'orchestre. A 20 ans un oncle riche et avare consentit à lui donner 5o francs par mois : avec ce chétif subside Félicien vint à Paris où il suivit au Conservatoire le cours de M. Millaud et les leçons d'harmonie de M. Rocher.

On a de David plusieurs romances qui eurent quelque succès : *Le Pirate* ; *L'Egyptienne* ; *Le Bédouin* ; *Le Jour des Morts* ; *L'Ange rebelle* ; et enfin *Les*

Hirondelles, rêverie originale qui rendit son nom populaire.

Le Désert, ode symphonie, 1844 ; *Moïse au Sinaï*, 1846 ; *L'Eden*, 1848 ; *Perle du Brésil*, 1851 ; *Herculanum*, 1859 ; *Lalla Roukh*, 1862 ; *Le Saphir* 1865. Vers la fin de sa vie David écrivit des quatuors, des trios et même des morceaux de piano.,

---

Schumann ROBERT, né à Zwickau, en Saxe, 1810, mort en 1856. Fils d'un libraire, il était le plus jeune d'une famille de cinq enfants. L'amour de la musique lui vint vers l'âge de dix ans en entendant le célèbre pianiste Moschelès. Dès ce moment il s'appliqua avec zèle à l'étude du piano et composa quoique n'ayant que peu de notions d'harmonie. Il écrivit entre autres compositions pour piano des *Sonates*, une *Fantaisie en ut majeur*, des *Etudes Symphoniques*, las *Danses de David*, les *Kreisleriana* et le *Novellèttes*. On remarque surtout *la Rêverie* et *Scènes d'Enfants*.

Kastner JEAN-GEORGES, excellent musicien et compositeur, né à Strasbourg en 1811, mort en 1867, commença l'étude du piano dès l'âge de six ans et devint en peu de temps assez habile pour pouvoir toucher de l'orgue les jours de fête à l'église d'un village voisin de sa ville natale. Il étudia le solfège, se perfectionna dans la connaissance du piano et acquit la pratique de divers instruments d'orchestre. En 1826 il s'adonna à l'étude de l'harmonie.

Il compléta ses connaissances au point de vue de la composition pratique sous la direction de Maurer, maître de chapelle et Bolner lui enseigna le contre-point double et la fugue. Kastner vint à Paris en 1835 et se fit connaître en publiant son *Traité général d'instrumentation* qui fut adopté pour l'enseignement du Conservatoire. Il écrivit ensuite une *Grammaire musicale* ; une *Théorie abrégée du contre-point et de la fugue* ; une *Méthode élémentaire d'harmonie* ; un *Traité de la composition vocale et instrumentale* ; des *Tableaux analytiques des principes élémentaires de la musique* ; des *Tableaux analytiques de l'harmonie* divers travaux relatifs aux saxophones ; *Manuel général de musique militaire* ; *Chants de l'armée Française* ; *Parémiologie musicale de la langue française ou Explication des proverbes qui tirent leur origine de la musique.* Kastner écrivit aussi trois grands opéras allemands : *Gustave Wasa* ; *la Reine des Sarmates* ; *la mort d'Oscar* et plusieurs opéras comiques : *le Sarrasin* ; *Béatrice.* On lui doit aussi divers morceaux de musique vocale, des scènes dramatiques, beaucoup de romances, de mélodies, de nocturnes, des symphonies, des marches, des ouvertures, etc.

Talberg SIGISMOND, pianiste et compositeur, né à Genève en 1812, mort en 1871. Après avoir obtenu dès l'âge de quinze ans, de grands succès dans les salons de Vienne, il commença, en 1830, une série de voyages et de concerts, qui rendirent sa réputation européenne et qui le conduisirent jusqu'en Amérique. Comme compositeur, il a laissé des *Etudes* estimées, des *Fantaisies* ou variations sur des thèmes d'opéras parmi lesquelles on distingue la *Prière de Moïse*.

Wagner RICHARD, né à Leipsick en 1813, mort en 1883, doit être mis au nombre des artistes secondaires. Il se crut appeler à réformer l'art musical, mais le grand nombre de déceptions qu'il a subies aurait dû lui faire comprendre qu'il faisait fausse route et que le Ciel ne l'avait doué que d'un génie médiocre.

Richard Wagner fut un symphoniste de premier ordre dans le sens technique ; il n'y a pas un instrument dont il ne sache tirer le parti le plus habile, pas un agencement de sons qu'il ne sache produire. Mais il manque de goût; l'harmonie des proportions lui est inconnue ; l'inspiration est rebelle à ses efforts, et lorsqu'il trouve une pensée mélodique, une idée qui se rattache à l'ordre musical tel que les musiciens et les gens de goût le conçoivent, on est étonné d'y retrouver des formes nouvelles et presque banales.

Wallace WILLIAM-VINCENT, né en 1814, à Wateford, mort en 1865. Son père, chef de musique militaire lui donna les premières leçons de solfège, complétées ensuite à Dublin, où le jeune artiste étudia le piano, le violon, la guitare. A dix-huit ans une maladie grave ayant mis ses jours en danger, les médecins pour hâter sa convalescence, lui conseillèrent un voyage de long cours. Dès lors la vie de Wallace ne fut plus qu'une odyssée semée des aventures les plus bizarres. A Sidney, le gouverneur lui fit présent de 3oo moutons en témoignage du plaisir que lui avait procuré un solo de violon. Un de ses morceaux de piano *La Cracovienne*, eut un grand succès.

Wallace composa: *Maritana*, 1846; *Mathilde de Hongrie*, 1847; *Lurline*, 186o; *La Sorcière d'Ambre*, 1861; *Le Triomphe de l'Amour*, 1862. Ces deux derniers ouvrages furent chaleureusement applaudis ; en 1863, il fit jouer la *Fleur du désert*. Il mourut à 51 ans, miné par les chagrins que lui causèrent la perte de sa fortune. Le style de Wallace accuse de bonnes études musicales ; il a en outre de l'originalité et de la hardiesse ; son instrumentation est bien traitée et affecte les formes symphoniques. Indépendamment de ses ouvrages dramatiques, ce musicien a publié un assez grand nombre de compositions légères : *Nocturnes, Valses, Etudes*, etc.

Maillart AIMÉ, né à Montpellier en 1817, mort à Moulins (Allier) en 1871. Doué à un haut degré de sentiment dramatique, Aimé Maillart a peu produit, mais il a su se faire un nom par quelques succès éclatants.

Ses ouvrages sont: *Gastibelza*, 1847 ; *Le Moulin des Tilleuls*, 1849 ; *La Croix de Marie*, 1852 ; *Les Dragons de Villars*, celui de ses ouvrages qui a eu le plus de succès, et que l'on considère comme le meilleur. *Les Pêcheurs de Catane*, 1860, *Lara*, 1864, sa dernière production. Jouissant d'une certaine aisance, et n'étant stimulé ni par la nécessité du travail, ni par l'ambition, Maillart se laissa entraîner à un genre de vie aussi préjudiciable à sa santé délicate qu'à son avenir artistique.

Ne travaillant que par caprice, il perdit l'usage des dons précieux qu'il avait reçus: l'inspiration, la passion, la couleur, le sentiment scénique. C'étaient là des facultés maîtresses. Il mourut à l'âge de 53 ans.

TABLE